I0158613

PRÉFACE

La collection de guides de conversation "Tout ira bien!", publié par T&P Books, est conçue pour les gens qui voyagent par affaire ou par plaisir. Les guides de conversations contiennent le plus important - l'essentiel pour la communication de base. Il s'agit d'une série indispensable de phrases pour survivre à l'étranger.

Ce guide de conversation vous aidera dans la plupart des cas où vous devez demander quelque chose, trouver une direction, découvrir le prix d'un souvenir, etc. Il peut aussi résoudre des situations de communication difficile lorsque la gesticulation n'aide pas.

Ce livre contient beaucoup de phrases qui ont été groupées par thèmes. Vous trouverez aussi un petit dictionnaire de plus de 1500 mots importants et utiles.

Emmenez avec vous un guide de conversation "Tout ira bien!" sur la route et vous aurez un compagnon de voyage irremplaçable qui vous aidera à vous sortir de toutes les situations et vous enseignera à ne pas avoir peur de parler aux étrangers.

TABLE DES MATIÈRES

T&P Books Publishing

Collection de guides de conversation
"Tout ira bien!"

T&P Books Publishing

GUIDE DE CONVERSATION ANGLAIS

LES PHRASES LES PLUS UTILES

Ce guide de conversation contient les phrases et les questions les plus communes et nécessaires pour communiquer avec des étrangers

Par Andrey Taranov

T&P BOOKS

Guide de conversation + dictionnaire de 1500 mots

Guide de conversation Français-Anglais et dictionnaire concis de 1500 mots

Par Andrey Taranov

La collection de guides de conversation "Tout ira bien!", publiée par T&P Books, est conçue pour les gens qui voyagent par affaire ou par plaisir. Les guides contiennent l'essentiel pour la communication de base. Il s'agit d'une série indispensable de phrases pour "survivre" à l'étranger.

Une autre section du livre contient un petit dictionnaire de plus de 1500 mots les plus utilisés. Le dictionnaire inclut beaucoup de termes gastronomiques et peut être utile lorsque vous faites le marché ou commandez des plats au restaurant.

Copyright © 2015 T&P Books Publishing

Tous droits réservés. Sans permission écrite préalable des éditeurs, toute reproduction ou exploitation partielle ou intégrale de cet ouvrage est interdite, sous quelque forme et par quelque procédé (électronique ou mécanique) que ce soit, y compris la photocopie, l'enregistrement ou le recours à un système de stockage et de récupération des données.

T&P Books Publishing
www.tpbooks.com

ISBN: 978-1-78492-532-1

Ce livre existe également en format électronique.
Pour plus d'informations, veuillez consulter notre site: www.tpbooks.com
ou rendez-vous sur ceux des grandes librairies en ligne.

PRONONCIATION

Lettre	Exemple en anglais américain	Alphabet phonétique T&P	Exemple en français

Voyelles

a	age	[eɪ]	effrayer
a	bag	[æ]	maire
a	car	[ɑ:]	cadre
a	care	[eə]	théâtre
e	meat	[i:]	industrie
e	pen	[e]	équipe
e	verb	[ɜ]	pseudonyme
e	here	[ɪə]	polyester
i	life	[aj]	maillot
i	sick	[ɪ]	capital
i	girl	[ø]	peu profond
i	fire	[ajə]	nettoyer
o	rose	[əʊ]	anglais - home, russe - ноутбук
o	shop	[ɒ]	portier
o	sport	[ɔ:]	bureau
o	ore	[ɔ:]	bureau
u	to include	[u:]	tour
u	sun	[ʌ]	carotte
u	church	[ɜ]	pseudonyme
u	pure	[ʊə]	trouée
y	to cry	[aj]	maillot
y	system	[ɪ]	capital
y	Lyre	[ajə]	nettoyer
y	party	[ɪ]	capital

Consonnes

b	bar	[b]	bureau
c	city	[s]	syndicat
c	clay	[k]	bocal
d	day	[d]	document
f	face	[f]	formule

Lettre	Exemple en anglais américain	Alphabet phonétique T&P	Exemple en français
g	geography	[dʒ]	adjoint
g	glue	[g]	gris
h	home	[h]	h aspiré
j	joke	[dʒ]	adjoint
k	king	[k]	bocal
l	love	[l]	vélo
m	milk	[m]	minéral
n	nose	[n]	ananas
p	pencil	[p]	panama
q	queen	[k]	bocal
r	rose	[r]	racine
s	sleep	[s]	syndicat
s	please	[z]	gazeuse
s	pleasure	[ʒ]	jeunesse
t	table	[t]	tennis
v	velvet	[v]	rivière
w	winter	[w]	iguane
x	ox	[ks]	taxi
x	exam	[gz]	examiner
z	azure	[ʒ]	jeunesse
z	zebra	[z]	gazeuse

Combinaisons de lettres

ch	China	[tʃ]	match
ch	chemistry	[k]	bocal
ch	machine	[ʃ]	chariot
sh	ship	[ʃ]	chariot
th	weather	[ð]	consonne fricative dentale voisée
th	tooth	[θ]	consonne fricative dentale sourde
ph	telephone	[f]	formule
ck	black	[k]	bocal
ng	ring	[ŋ]	parking
ng	English	[ŋ]	parking
wh	white	[w]	iguane
wh	whole	[h]	h aspiré
wr	wrong	[r]	racine
gh	enough	[f]	formule
gh	sign	[n]	ananas
kn	knife	[n]	ananas
qu	question	[kv]	coiffeur
tch	catch	[tʃ]	match
oo+k	book	[ʊ]	groupe
oo+r	door	[ɔ:]	bureau
ee	tree	[i:]	industrie

Lettre	Exemple en anglais américain	Alphabet phonétique T&P	Exemple en français
ou	house	[aʊ]	knock-down
ou+r	our	[aʊə]	anglais - flour
ay	today	[eɪ]	effrayer
ey	they	[eɪ]	effrayer

LISTE DES ABRÉVIATIONS

Abréviations en français

adj	-	adjective
adv	-	adverbe
anim.	-	animé
conj	-	conjonction
dénombr.	-	dénombrable
etc.	-	et cetera
f	-	nom féminin
f pl	-	féminin pluriel
fam.	-	familiar
fem.	-	féminin
form.	-	formal
inanim.	-	inanimé
indénombr.	-	indénombrable
m	-	nom masculin
m pl	-	masculin pluriel
m, f	-	masculin, féminin
masc.	-	masculin
math	-	mathematics
mil.	-	militaire
pl	-	pluriel
prep	-	préposition
pron	-	pronom
qch	-	quelque chose
qn	-	quelqu'un
sing.	-	singulier
v aux	-	verbe auxiliaire
v imp	-	verbe impersonnel
vi	-	verbe intransitif
vi, vt	-	verbe intransitif, transitif
vp	-	verbe pronominal
vt	-	verbe transitif

Abréviations en anglais américain

v aux	-	verbe auxiliaire
vi	-	verbe intransitif

| **vi, vt** | - | verbe intransitif, transitif |
| **vt** | - | verbe transitif |

T&P BOOKS

GUIDE DE CONVERSATION ANGLAIS

Cette section contient
des phrases importantes
qui peuvent être utiles dans
des situations courantes.
Le guide vous aidera
à demander des directions,
clarifier le prix, acheter
des billets et commander
des plats au restaurant

T&P Books Publishing

CONTENU DU GUIDE DE CONVERSATION

T&P Books Publishing

Les essentiels

Excusez-moi, ...	**Excuse me, ...** [ɪk'skjuːz miː, ...]
Bonjour	**Hello.** [hə'ləʊ]
Merci	**Thank you.** [θæŋk ju]
Au revoir	**Good bye.** [gʊd baɪ]
Oui	**Yes.** [jes]
Non	**No.** [nəʊ]
Je ne sais pas.	**I don't know.** [aɪ dəʊnt nəʊ]
Où? | Où? | Quand?	**Where? | Where to? | When?** [weə? | weə tuː? | wen?]
J'ai besoin de ...	**I need ...** [aɪ niːd ...]
Je veux ...	**I want ...** [aɪ wɒnt ...]
Avez-vous ... ?	**Do you have ...?** [də ju hɛv ...?]
Est-ce qu'il y a ... ici?	**Is there a ... here?** [ɪz ðər ə ... hɪə?]
Puis-je ... ?	**May I ...?** [meɪ aɪ ...?]
s'il vous plaît (pour une demande)	**..., please** [..., pliːz]
Je cherche ...	**I'm looking for ...** [aɪm 'lʊkɪŋ fə ...]
les toilettes	**restroom** ['restruːm]
un distributeur	**ATM** [eɪtiː'em]
une pharmacie	**pharmacy, drugstore** ['fɑːməsi, 'drʌgstɔː]
l'hôpital	**hospital** ['hɒspɪtl]
le commissariat de police	**police station** [pə'liːs 'steɪʃn]
une station de métro	**subway** ['sʌbweɪ]

un taxi	**taxi** ['tæksi]
la gare	**train station** [treɪn 'steɪʃn]

Je m'appelle ...	**My name is ...** [maɪ 'neɪm ɪz ...]
Comment vous appelez-vous?	**What's your name?** [wɒts jɔː 'neɪm?]
Aidez-moi, s'il vous plaît.	**Could you please help me?** [kəd ju pliːz help miː?]
J'ai un problème.	**I've got a problem.** [av gɒt ə 'prɒbləm]
Je ne me sens pas bien.	**I don't feel well.** [aɪ dəʊnt fiːl wel]
Appelez une ambulance!	**Call an ambulance!** [kɔːl ən 'æmbjələns!]
Puis-je faire un appel?	**May I make a call?** [meɪ aɪ 'meɪk ə kɔːl?]

Excusez-moi.	**I'm sorry.** [aɪm 'sɒri]
Je vous en prie.	**You're welcome.** [juə 'welkəm]

je, moi	**I, me** [aɪ, mi]
tu, toi	**you** [ju]
il	**he** [hi]
elle	**she** [ʃi]
ils	**they** [ðeɪ]
elles	**they** [ðeɪ]
nous	**we** [wi]
vous	**you** [ju]
Vous	**you** [ju]

ENTRÉE	**ENTRANCE** ['entrɑːns]
SORTIE	**EXIT** ['eksɪt]
HORS SERVICE	EN PANNE	**OUT OF ORDER** [aʊt əv 'ɔːdə]
FERMÉ	**CLOSED** [kləʊzd]

OUVERT	**OPEN** [ˈəʊpən]
POUR LES FEMMES	**FOR WOMEN** [fə ˈwɪmɪn]
POUR LES HOMMES	**FOR MEN** [fə men]

Questions

Où? (lieu)	**Where?** [weə?]
Où? (direction)	**Where to?** [weə tu:?]
D'où?	**Where from?** [weə frɒm?]
Pourquoi?	**Why?** [waɪ?]
Pour quelle raison?	**Why?** [waɪ?]
Quand?	**When?** [wen?]

Combien de temps?	**How long?** [haʊ 'lɒŋ?]
À quelle heure?	**At what time?** [ət wɒt 'taɪm?]
C'est combien?	**How much?** [haʊ 'mʌtʃ?]
Avez-vous … ?	**Do you have …?** [də ju hɛv …?]
Où est …, s'il vous plaît?	**Where is …?** [weə ɪz …?]

Quelle heure est-il?	**What time is it?** [wɒt taɪm ɪz ɪt?]
Puis-je faire un appel?	**May I make a call?** [meɪ aɪ meɪk ə kɔ:l?]
Qui est là?	**Who's there?** [hu:z ðeə?]
Puis-je fumer ici?	**Can I smoke here?** [kən aɪ sməʊk hɪə?]
Puis-je …?	**May I …?** [meɪ aɪ …?]

Besoins

Je voudrais ...	**I'd like ...** [aɪd 'laɪk ...]
Je ne veux pas ...	**I don't want ...** [aɪ dəʊnt wɒnt ...]
J'ai soif.	**I'm thirsty.** [aɪm 'θɜːsti]
Je veux dormir.	**I want to sleep.** [aɪ wɒnt tə sliːp]

Je veux ...	**I want ...** [aɪ wɒnt ...]
me laver	**to wash up** [tə wɒʃ ʌp]
brosser mes dents	**to brush my teeth** [tə brʌʃ maɪ tiːθ]
me reposer un instant	**to rest a while** [tə rest ə waɪl]
changer de vêtements	**to change my clothes** [tə tʃeɪndʒ maɪ kləʊðz]

retourner à l'hôtel	**to go back to the hotel** [tə gəʊ 'bæk tə ðə həʊ'tel]
acheter ...	**to buy ...** [tə baɪ ...]
aller à ...	**to go to ...** [tə gəʊ tə ...]
visiter ...	**to visit ...** [tə 'vɪzɪt ...]
rencontrer ...	**to meet with ...** [tə miːt wɪð ...]
faire un appel	**to make a call** [tə meɪk ə kɔːl]

Je suis fatigué /fatiguée/	**I'm tired.** [aɪm 'taɪəd]
Nous sommes fatigués /fatiguées/	**We are tired.** [wi ə 'taɪəd]
J'ai froid.	**I'm cold.** [aɪm kəʊld]
J'ai chaud.	**I'm hot.** [aɪm hɒt]
Je suis bien.	**I'm OK.** [aɪm əʊ'keɪ]

Il me faut faire un appel.	**I need to make a call.** [aɪ niːd tə meɪk ə kɔːl]
J'ai besoin d'aller aux toilettes.	**I need to go to the restroom.** [aɪ niːd tə gəʊ tə ðə 'restruːm]
Il faut que j'aille.	**I have to go.** [aɪ hɛv tə gəʊ]
Je dois partir maintenant.	**I have to go now.** [aɪ hɛv tə gəʊ naʊ]

Comment demander la direction

Excusez-moi, …	**Excuse me, …** [ɪkˈskjuːz miː, …]
Où est …, s'il vous plaît?	**Where is …?** [weə ɪz …?]
Dans quelle direction est … ?	**Which way is …?** [wɪtʃ weɪ ɪz …?]
Pouvez-vous m'aider, s'il vous plaît ?	**Could you help me, please?** [kəd ju help miː, pliːz?]

Je cherche …	**I'm looking for …** [aɪm ˈlʊkɪŋ fə …]
La sortie, s'il vous plaît?	**I'm looking for the exit.** [aɪm ˈlʊkɪŋ fə ði ˈeksɪt]
Je vais à …	**I'm going to …** [aɪm ˈɡəʊɪŋ tə …]
C'est la bonne direction pour …?	**Am I going the right way to …?** [əm aɪ ˈɡəʊɪŋ ðə raɪt ˈweɪ tə …?]

C'est loin?	**Is it far?** [ɪz ɪt fɑː?]
Est-ce que je peux y aller à pied?	**Can I get there on foot?** [kən aɪ ɡet ðeə ɒn fʊt?]
Pouvez-vous me le montrer sur la carte?	**Can you show me on the map?** [kən ju ʃəʊ miː ɒn ðə mæp?]
Montrez-moi où sommes-nous, s'il vous plaît.	**Show me where we are right now.** [ʃəʊ miː weə wi ə raɪt naʊ]

Ici	**Here** [hɪə]
Là-bas	**There** [ðeə]
Par ici	**This way** [ðɪs weɪ]

Tournez à droite.	**Turn right.** [tɜːn raɪt]
Tournez à gauche.	**Turn left.** [tɜːn left]
Prenez la première (deuxième, troisième) rue.	**first (second, third) turn** [fɜːst (ˈsekənd, θɜːd) tɜːn]
à droite	**to the right** [tə ðə raɪt]

à gauche

to the left
[tə ðə left]

Continuez tout droit.

Go straight.
[gəʊ streɪt]

Affiches, Pancartes

BIENVENUE!

ENTRÉE

SORTIE

WELCOME!
['welkəm!]

ENTRANCE
['entrɑːns]

EXIT
['eksɪt]

POUSSEZ

TIREZ

OUVERT

FERMÉ

PUSH
[puʃ]

PULL
[pul]

OPEN
['əupən]

CLOSED
[kləuzd]

POUR LES FEMMES

POUR LES HOMMES

MESSIEURS (M)

FEMMES (F)

FOR WOMEN
[fə 'wɪmɪn]

FOR MEN
[fə men]

MEN, GENTS
[men, dʒents]

WOMEN, LADIES
['wɪmɪn, 'leɪdɪz]

RABAIS | SOLDES

PROMOTION

GRATUIT

NOUVEAU!

ATTENTION!

DISCOUNTS
['dɪskaunts]

SALE
[seɪl]

FREE
[friː]

NEW!
[njuː!]

ATTENTION!
[ə'tenʃn!]

COMPLET

RÉSERVÉ

ADMINISTRATION

PERSONNEL SEULEMENT

NO VACANCIES
[nəu 'veɪkənsɪz]

RESERVED
[rɪ'zɜːvd]

ADMINISTRATION
[ədmɪnɪ'streɪʃn]

STAFF ONLY
[stɑːf 'əunli]

ATTENTION AU CHIEN!

BEWARE OF THE DOG!
[bɪ'weər əv ðə dɒg!]

NE PAS FUMER!

NO SMOKING!
[nəʊ 'sməʊkɪŋ!]

NE PAS TOUCHER!

DO NOT TOUCH!
[də nɒt tʌtʃ!]

DANGEREUX

DANGEROUS
['deɪndʒərəs]

DANGER

DANGER
['deɪndʒə]

HAUTE TENSION

HIGH VOLTAGE
[haɪ 'vəʊltɪdʒ]

BAIGNADE INTERDITE!

NO SWIMMING!
[nəʊ 'swɪmɪŋ!]

HORS SERVICE | EN PANNE

OUT OF ORDER
[aʊt əv 'ɔːdə]

INFLAMMABLE

FLAMMABLE
['flæməbl]

INTERDIT

FORBIDDEN
[fə'bɪdn]

ENTRÉE INTERDITE!

NO TRESPASSING!
[nəʊ 'trespəsɪŋ!]

PEINTURE FRAÎCHE

WET PAINT
[wet peɪnt]

FERMÉ POUR TRAVAUX

CLOSED FOR RENOVATIONS
[kləʊzd fə renə'veɪʃnz]

TRAVAUX EN COURS

WORKS AHEAD
['wɜːks ə'hed]

DÉVIATION

DETOUR
['diːtʊə]

Transport - Phrases générales

avion	**plane** [pleɪn]
train	**train** [treɪn]
bus, autobus	**bus** [bʌs]
ferry	**ferry** ['feri]
taxi	**taxi** ['tæksi]
voiture	**car** [kɑ:]

horaire	**schedule** ['ʃedju:l]
Où puis-je voir l'horaire?	**Where can I see the schedule?** [weə kən aɪ si: ðə 'ʃedju:l?]
jours ouvrables	**workdays** ['wɜ:kdeɪz]
jours non ouvrables	**weekends** [wi:k'endz]
jours fériés	**holidays** ['hɒlədeɪz]

DÉPART	**DEPARTURE** [dɪ'pɑ:tʃə]
ARRIVÉE	**ARRIVAL** [ə'raɪvl]
RETARDÉE	**DELAYED** [dɪ'leɪd]
ANNULÉE	**CANCELED** ['kænsəld]

prochain (train, etc.)	**next** [nɛkst]
premier	**first** [fɜ:st]
dernier	**last** [lɑ:st]

À quelle heure est le prochain ...?	**When is the next ...?** [wen ɪz ðə nɛkst ...?]
À quelle heure est le premier ...?	**When is the first ...?** [wen ɪz ðə fɜ:st ...?]

À quelle heure est le dernier ...?

When is the last ...?
[wen ɪz ðə lɑːst ...?]

correspondance

transfer
['trænsfɜ:]

prendre la correspondance

to make a transfer
[tə meɪk ə 'trænsfɜ:]

Dois-je prendre la correspondance?

Do I need to make a transfer?
[də aɪ niːd tə meɪk ə 'trænsfɜ:?]

Acheter un billet

Où puis-je acheter des billets?
Where can I buy tickets?
[weə kən aɪ baɪ 'tɪkɪts?]

billet
ticket
['tɪkɪt]

acheter un billet
to buy a ticket
[tə baɪ ə 'tɪkɪt]

le prix d'un billet
ticket price
['tɪkɪt praɪs]

Pour aller où?
Where to?
[weə tu:?]

Quelle destination?
To what station?
[tə wɒt steɪʃn?]

Je voudrais ...
I need ...
[aɪ ni:d ...]

un billet
one ticket
[wʌn 'tɪkɪt]

deux billets
two tickets
[tu: 'tɪkɪts]

trois billets
three tickets
[θri: 'tɪkɪts]

aller simple
one-way
[wʌn'weɪ]

aller-retour
round-trip
[rɑːwnd trɪp]

première classe
first class
[fɜːst klɑːs]

classe économique
second class
['sekənd klɑːs]

aujourd'hui
today
[tə'deɪ]

demain
tomorrow
[tə'mɒrəʊ]

après-demain
the day after tomorrow
[ðə deɪ 'ɑːftə tə'mɒrəʊ]

dans la matinée
in the morning
[ɪn ðə 'mɔːnɪŋ]

l'après-midi
in the afternoon
[ɪn ði ɑːftə'nuːn]

dans la soirée
in the evening
[ɪn ði 'iːvnɪŋ]

siège côté couloir	**aisle seat** [aɪl siːt]
siège côté fenêtre	**window seat** ['wɪndəʊ siːt]
C'est combien?	**How much?** [haʊ mʌtʃ?]
Puis-je payer avec la carte?	**Can I pay by credit card?** [kən aɪ peɪ baɪ 'kredɪt kɑːd?]

L'autobus

bus, autobus	**bus** [bʌs]
autocar	**intercity bus** [ɪntəˈsɪti bʌs]
arrêt d'autobus	**bus stop** [bʌs stɒp]
Où est l'arrêt d'autobus le plus proche?	**Where's the nearest bus stop?** [weəz ðə ˈnɪərɪst bʌs stɒp?]

numéro	**number** [ˈnʌmbə]
Quel bus dois-je prendre pour aller à …?	**Which bus do I take to get to …?** [wɪtʃ bʌs də aɪ teɪk tə get tə …?]
Est-ce que ce bus va à …?	**Does this bus go to …?** [dəz ðɪs bʌs gəʊ tə …?]
L'autobus passe tous les combien?	**How frequent are the buses?** [haʊ frɪˈkwent ə ðə ˈbʌsɪz?]

chaque quart d'heure	**every 15 minutes** [ˈevri fɪfˈtiːn ˈmɪnɪts]
chaque demi-heure	**every half hour** [ˈevri hɑːf ˈaʊə]
chaque heure	**every hour** [ˈevri ˈaʊə]
plusieurs fois par jour	**several times a day** [ˈsevrəl taɪmz ə deɪ]
… fois par jour	**… times a day** [… taɪmz ə deɪ]

horaire	**schedule** [ˈʃedjuːl]
Où puis-je voir l'horaire?	**Where can I see the schedule?** [weə kən aɪ siː ðə ˈʃedjuːl?]
À quelle heure passe le prochain bus?	**When is the next bus?** [wen ɪz ðə nɛkst bʌs?]
À quelle heure passe le premier bus?	**When is the first bus?** [wen ɪz ðə fɜːst bʌs?]
À quelle heure passe le dernier bus?	**When is the last bus?** [wen ɪz ðə lɑːst bʌs?]

arrêt	**stop** [stɒp]
prochain arrêt	**next stop** [nɛkst stɒp]

terminus

last stop
[lɑːst stɒp]

Pouvez-vous arrêter ici, s'il vous plaît.

Stop here, please.
[stɒp hɪə, pliːz]

Excusez-moi, c'est mon arrêt.

Excuse me, this is my stop.
[ɪkˈskjuːz miː, ðɪs ɪz maɪ stɒp]

Train

train
train de banlieue
train de grande ligne
la gare

Excusez-moi, où est la sortie
vers les quais?

train
[treɪn]

suburban train
[səˈbɜːbən treɪn]

long-distance train
[ˈlɒŋdɪstəns treɪn]

train station
[treɪn steɪʃn]

**Excuse me, where is the exit
to the platform?**
[ɪkˈskjuːz miː, weə ɪz ði ˈeksɪt
tə ðə ˈplætfɔːm?]

Est-ce que ce train va à ...?

le prochain train

À quelle heure est le prochain train?

Où puis-je voir l'horaire?

De quel quai?

À quelle heure arrive le train à ...?

Does this train go to ...?
[dəz ðɪs treɪn gəʊ tə ...?]

next train
[nɛkst treɪn]

When is the next train?
[wen ɪz ðə nɛkst treɪn?]

Where can I see the schedule?
[weə kən aɪ siː ðə ˈʃedjuːl?]

From which platform?
[frəm wɪtʃ ˈplætfɔːm?]

When does the train arrive in ...?
[wen dəz ðə treɪn əˈraɪv ɪn ...?]

Pouvez-vous m'aider, s'il vous plaît?

Je cherche ma place.

Nous cherchons nos places.

Ma place est occupée.

Nos places sont occupées.

Please help me.
[pliːz help miː]

I'm looking for my seat.
[aɪm ˈlʊkɪŋ fə maɪ siːt]

We're looking for our seats.
[wɪə ˈlʊkɪŋ fə ˈaʊə siːts]

My seat is taken.
[maɪ siːt ɪs ˈteɪkən]

Our seats are taken.
[ˈaʊə siːts ə ˈteɪkən]

Excusez-moi, mais c'est ma place.

Est-ce que cette place est libre?

Puis-je m'asseoir ici?

I'm sorry but this is my seat.
[aɪm ˈsɒri bət ðɪs ɪz maɪ siːt]

Is this seat taken?
[ɪz ðɪs siːt ˈteɪkən?]

May I sit here?
[meɪ aɪ sɪt hɪə?]

Sur le train - Dialogue (Pas de billet)

Votre billet, s'il vous plaît.	**Ticket, please.** ['tɪkɪt, pliːz]
Je n'ai pas de billet.	**I don't have a ticket.** [aɪ dəʊnt hɛv ə 'tɪkɪt]
J'ai perdu mon billet.	**I lost my ticket.** [aɪ lɒst maɪ 'tɪkɪt]
J'ai oublié mon billet à la maison.	**I forgot my ticket at home.** [aɪ fə'gɒt maɪ 'tɪkɪt ət həʊm]

Vous pouvez m'acheter un billet.	**You can buy a ticket from me.** [ju kən baɪ ə 'tɪkɪt frəm miː]
Vous devrez aussi payer une amende.	**You will also have to pay a fine.** [ju wɪl 'ɔːlsəʊ hɛv tə peɪ ə faɪn]
D'accord.	**Okay.** [əʊ'keɪ]
Où allez-vous?	**Where are you going?** [weər ə ju 'gəʊɪŋ?]
Je vais à …	**I'm going to …** [aɪm 'gəʊɪŋ tə …]

Combien? Je ne comprend pas.	**How much? I don't understand.** [haʊ 'mʌtʃ? aɪ dəʊnt ʌndə'stænd]
Pouvez-vous l'écrire, s'il vous plaît.	**Write it down, please.** ['raɪt ɪt daʊn, pliːz]
D'accord. Puis-je payer avec la carte?	**Okay. Can I pay with a credit card?** [əʊ'keɪ. kən aɪ peɪ wɪð ə 'kredɪt kɑːd?]
Oui, bien sûr.	**Yes, you can.** [jes, ju kæn]

Voici votre reçu.	**Here's your receipt.** [hɪəz jɔː rɪ'siːt]
Désolé pour l'amende.	**Sorry about the fine.** ['sɒri ə'baʊt ðə faɪn]
Ça va. C'est de ma faute.	**That's okay. It was my fault.** [ðæts əʊ'keɪ. ɪt wəz maɪ fɔːt]
Bon voyage.	**Enjoy your trip.** [ɪn'dʒɔɪ jɔː trɪp]

Taxi

taxi	**taxi** ['tæksi]
chauffeur de taxi	**taxi driver** ['tæksi 'draɪvə]
prendre un taxi	**to catch a taxi** [tə kætʃ ə 'tæksi]
arrêt de taxi	**taxi stand** ['tæksi stænd]
Où puis-je trouver un taxi?	**Where can I get a taxi?** [weə kən aɪ get ə 'tæksi?]
appeler un taxi	**to call a taxi** [tə kɔːl ə 'tæksi]
Il me faut un taxi.	**I need a taxi.** [aɪ niːd ə 'tæksi]
maintenant	**Right now.** [raɪt naʊ]
Quelle est votre adresse?	**What is your address (location)?** ['wɒts jɔːr ə'dres (ləʊ'keɪʃn)?]
Mon adresse est ...	**My address is ...** [maɪ ə'dres ɪz ...]
Votre destination?	**Your destination?** [jɔː destɪ'neɪʃn?]
Excusez-moi, ...	**Excuse me, ...** [ɪk'skjuːz miː, ...]
Vous êtes libre ?	**Are you available?** [ə ju ə'veɪləbl?]
Combien ça coûte pour aller à ...?	**How much is it to get to ...?** [haʊ 'mʌtʃ ɪz ɪt tə get tə ...?]
Vous savez où ça se trouve?	**Do you know where it is?** [də ju nəʊ weər ɪt ɪz?]
À l'aéroport, s'il vous plaît.	**Airport, please.** ['eəpɔːt, pliːz]
Arrêtez ici, s'il vous plaît.	**Stop here, please.** [stɒp hɪə, pliːz]
Ce n'est pas ici.	**It's not here.** [ɪts nɒt hɪə]
C'est la mauvaise adresse.	**This is the wrong address.** [ðɪs ɪz ðə rɒŋ ə'dres]
tournez à gauche	**Turn left.** [tɜːn left]
tournez à droite	**Turn right.** [tɜːn raɪt]

Combien je vous dois?

How much do I owe you?
[haʊ 'mʌtʃ də aɪ əʊ ju?]

J'aimerais avoir un reçu, s'il vous plaît.

I'd like a receipt, please.
[aɪd laɪk ə rɪ'siːt, pliːz]

Gardez la monnaie.

Keep the change.
[kiːp ðə tʃeɪndʒ]

Attendez-moi, s'il vous plaît ...

Would you please wait for me?
[wʊd ju pliːz weɪt fə miː?]

cinq minutes

five minutes
[faɪv 'mɪnɪts]

dix minutes

ten minutes
[ten 'mɪnɪts]

quinze minutes

fifteen minutes
[fɪfˈtiːn 'mɪnɪts]

vingt minutes

twenty minutes
['twenti 'mɪnɪts]

une demi-heure

half an hour
[hɑːf ən 'aʊə]

Hôtel

Bonjour.	**Hello.** [hə'ləʊ]
Je m'appelle ...	**My name is ...** [maɪ neɪm ɪz ...]
J'ai réservé une chambre.	**I have a reservation.** [aɪ hɛv ə rezə'veɪʃn]

Je voudrais ...	**I need ...** [aɪ niːd ...]
une chambre simple	**a single room** [ə sɪŋgl ruːm]
une chambre double	**a double room** [ə dʌbl ruːm]
C'est combien?	**How much is that?** [haʊ 'mʌtʃ ɪz ðæt?]
C'est un peu cher.	**That's a bit expensive.** [ðæts ə bɪt ɪk'spensɪv]

Avez-vous autre chose?	**Do you have any other options?** [də ju hɛv 'eni 'ʌðər ɒpʃnz?]
Je vais la prendre.	**I'll take it.** [aɪl teɪk ɪt]
Je vais payer comptant.	**I'll pay in cash.** [aɪl peɪ ɪn kæʃ]

J'ai un problème.	**I've got a problem.** [aɪv gɒt ə 'prɒbləm]
Mon ... est cassé /Ma ... est cassée/	**My ... is broken.** [maɪ ... ɪz 'brəʊkən]
Mon /Ma/ ... ne fonctionne pas.	**My ... is out of order.** [maɪ ... ɪz aʊt əv 'ɔːdə]
télé	**TV** [tiː'viː]
air conditionné	**air conditioning** [eə kən'dɪʃnɪŋ]
robinet	**tap** [tæp]

douche	**shower** ['ʃaʊə]
évier	**sink** [sɪŋk]
coffre-fort	**safe** [seɪf]

serrure de porte	**door lock** [dɔː lɒk]
prise électrique	**electrical outlet** [ɪ'lektrɪkl 'aʊtlet]
sèche-cheveux	**hairdryer** ['heədraɪə]

Je n'ai pas ...	**I don't have ...** [aɪ 'dəʊnt hɛv ...]
d'eau	**water** ['wɔːtə]
de lumière	**light** [laɪt]
d'électricité	**electricity** [ɪlek'trɪsɪti]

Pouvez-vous me donner ...?	**Can you give me ...?** [kən ju gɪv miː ...?]
une serviette	**a towel** [ə 'taʊəl]
une couverture	**a blanket** [ə 'blæŋkɪt]
des pantoufles	**slippers** ['slɪpəz]
une robe de chambre	**a robe** [ə rəʊb]
du shampoing	**shampoo** [ʃæm'puː]
du savon	**soap** [səʊp]

Je voudrais changer ma chambre.	**I'd like to change rooms.** [aɪd laɪk tə tʃeɪndʒ ruːmz]
Je ne trouve pas ma clé.	**I can't find my key.** [aɪ kɑːnt faɪnd maɪ kiː]
Pourriez-vous ouvrir ma chambre, s'il vous plaît?	**Could you open my room, please?** [kəd ju 'əʊpən maɪ ruːm, pliːz?]
Qui est là?	**Who's there?** [huːz ðeə?]
Entrez!	**Come in!** [kʌm 'ɪn!]
Une minute!	**Just a minute!** [dʒəst ə 'mɪnɪt!]
Pas maintenant, s'il vous plaît.	**Not right now, please.** [nɒt raɪt naʊ, pliːz]

Pouvez-vous venir à ma chambre, s'il vous plaît.	**Come to my room, please.** [kʌm tə maɪ ruːm, pliːz]
J'aimerais avoir le service d'étage.	**I'd like to order food service.** [aɪd laɪk tu 'ɔːdə fuːd 'sɜːvɪs]
Mon numéro de chambre est le ...	**My room number is ...** [maɪ ruːm 'nʌmbə iz ...]

Je pars ...	**I'm leaving ...** [aɪm 'liːvɪŋ ...]
Nous partons ...	**We're leaving ...** [wɪə 'liːvɪŋ ...]
maintenant	**right now** [raɪt naʊ]
cet après-midi	**this afternoon** [ðɪs ɑːftə'nuːn]
ce soir	**tonight** [tə'naɪt]
demain	**tomorrow** [tə'mɒrəʊ]
demain matin	**tomorrow morning** [tə'mɒrəʊ 'mɔːnɪŋ]
demain après-midi	**tomorrow evening** [tə'mɒrəʊ 'iːvnɪŋ]
après-demain	**the day after tomorrow** [ðə deɪ 'ɑːftə tə'mɒrəʊ]

Je voudrais régler mon compte.	**I'd like to pay.** [aɪd 'laɪk tə peɪ]
Tout était merveilleux.	**Everything was wonderful.** ['evrɪθɪŋ wəz 'wʌndəfəl]
Où puis-je trouver un taxi?	**Where can I get a taxi?** [weə kən aɪ get ə 'tæksi?]
Pourriez-vous m'appeler un taxi, s'il vous plaît?	**Would you call a taxi for me, please?** [wʊd ju kɔːl ə 'tæksi fə miː, pliːz?]

Restaurant

Puis-je voir le menu, s'il vous plaît?

Can I look at the menu, please?
[kən aɪ lʊk ət ðə 'menju:, pli:z?]

Une table pour une personne.

Table for one.
['teɪbl fə wʌn]

Nous sommes deux (trois, quatre).

There are two (three, four) of us.
[ðər ə tu: (θri:, fɔ:r) əv'ʌs]

Fumeurs

Smoking
['sməʊkɪŋ]

Non-fumeurs

No smoking
[nəʊ 'sməʊkɪŋ]

S'il vous plaît!

Excuse me!
[ɪk'skju:z mi:!]

menu

menu
['menju:]

carte des vins

wine list
[waɪn lɪst]

Le menu, s'il vous plaît.

The menu, please.
[ðə 'menju:, pli:z]

Êtes-vous prêts à commander?

Are you ready to order?
[ə ju 'redi tu 'ɔːdə?]

Qu'allez-vous prendre?

What will you have?
[wɒt wɪl ju hæv?]

Je vais prendre ...

I'll have ...
[aɪl hɛv ...]

Je suis végétarien.

I'm a vegetarian.
[aɪm ə vedʒɪ'teərɪən]

viande

meat
[mi:t]

poisson

fish
[fɪʃ]

légumes

vegetables
['vedʒɪtəblz]

Avez-vous des plats végétariens?

Do you have vegetarian dishes?
[də ju hɛv vedʒɪ'teərɪən 'dɪʃɪz?]

Je ne mange pas de porc.

I don't eat pork.
[aɪ dəʊnt i:t pɔ:k]

Il /elle/ ne mange pas de viande.

He /she/ doesn't eat meat.
[hi /ʃi/ 'dʌznt i:t mi:t]

Je suis allergique à ...

I am allergic to ...
[aɪ əm ə'lɜ:dʒɪk tə ...]

Pourriez-vous m'apporter ..., s'il vous plaît.	**Would you please bring me ...** [wʊd ju pliːz brɪŋ miː ...]
le sel | le poivre | du sucre	**salt | pepper | sugar** [sɔːlt | 'pepə | 'ʃʊgə]
un café | un thé | un dessert	**coffee | tea | dessert** ['kɒfi | tiː | dɪ'zɜːt]
de l'eau | gazeuse | plate	**water | sparkling | plain** ['wɔːtə | 'spɑːklɪŋ | pleɪn]
une cuillère | une fourchette | un couteau	**spoon | fork | knife** [spuːn | fɔːk | naɪf]
une assiette | une serviette	**plate | napkin** [pleɪt | 'næpkɪn]

Bon appétit!	**Enjoy your meal!** [ɪn'dʒɔɪ jɔː miːl!]
Un de plus, s'il vous plaît.	**One more, please.** [wʌn mɔː, pliːz]
C'était délicieux.	**It was very delicious.** [ɪt wəz 'veri dɪ'lɪʃəs]

l'addition | de la monnaie | le pourboire	**check | change | tip** [tʃek | tʃeɪndʒ | tɪp]
L'addition, s'il vous plaît.	**Check, please.** [tʃek, pliːz]
Puis-je payer avec la carte?	**Can I pay by credit card?** [kən aɪ peɪ baɪ 'kredɪt kɑːd?]
Excusez-moi, je crois qu'il y a une erreur ici.	**I'm sorry, there's a mistake here.** [aɪm 'sɒri, ðeəz ə mɪ'steɪk hɪə]

Shopping. Faire les Magasins

Est-ce que je peux vous aider? **Can I help you?**
[kən aɪ help ju?]

Avez-vous ... ? **Do you have ...?**
[də ju hɛv ...?]

Je cherche ... **I'm looking for ...**
[aɪm 'lʊkɪŋ fə ...]

Il me faut ... **I need ...**
[aɪ niːd ...]

Je regarde seulement, merci. **I'm just looking.**
[aɪm dʒəst 'lʊkɪŋ]

Nous regardons seulement, merci. **We're just looking.**
[wɪə dʒəst 'lʊkɪŋ]

Je reviendrai plus tard. **I'll come back later.**
[aɪl kʌm bæk 'leɪtə]

On reviendra plus tard. **We'll come back later.**
[wil kʌm bæk 'leɪtə]

Rabais | Soldes **discounts | sale**
[dɪs'kaʊnts | seɪl]

Montrez-moi, s'il vous plaît ... **Would you please show me ...**
[wʊd ju pliːz ʃəʊ miː: ...]

Donnez-moi, s'il vous plaît ... **Would you please give me ...**
[wʊd ju pliːz gɪv miː: ...]

Est-ce que je peux l'essayer? **Can I try it on?**
[kən aɪ traɪ ɪt ɒn?]

Excusez-moi, où est la cabine d'essayage? **Excuse me, where's the fitting room?**
[ɪk'skjuːz miː:, weəz ðə 'fɪtɪŋ ruːm?]

Quelle couleur aimeriez-vous? **Which color would you like?**
[wɪtʃ 'kʌlər wʊd ju 'laɪk?]

taille | longueur **size | length**
[saɪz | leŋθ]

Est-ce que la taille convient ? **How does it fit?**
[haʊ dəz ɪt fɪt?]

Combien ça coûte? **How much is it?**
[haʊ 'mʌtʃ ɪz ɪt?]

C'est trop cher. **That's too expensive.**
[ðæts tuː: ɪk'spensɪv]

Je vais le prendre. **I'll take it.**
[aɪl teɪk ɪt]

Excusez-moi, où est la caisse? **Excuse me, where do I pay?**
[ɪk'skjuːz miː:, weə də aɪ peɪ?]

Payerez-vous comptant ou par carte de crédit?

Will you pay in cash or credit card?
[wɪl ju peɪ ɪn kæʃ ɔ: 'kredɪt kɑ:d?]

Comptant | par carte de crédit

In cash | with credit card
[ɪn kæʃ | wɪð 'kredɪt kɑ:d]

Voulez-vous un reçu?

Do you want the receipt?
[də ju wɒnt ðə rɪ'si:t?]

Oui, s'il vous plaît.

Yes, please.
[jes, pli:z]

Non, ce n'est pas nécessaire.

No, it's OK.
[nəʊ, ɪts əʊ'keɪ]

Merci. Bonne journée!

Thank you. Have a nice day!
[θæŋk ju. hɛv ə naɪs deɪ!]

En ville

Excusez-moi, ...	**Excuse me, please.** [ɪk'skjuːz miː, pliːz]
Je cherche ...	**I'm looking for ...** [aɪm 'lʊkɪŋ fə ...]

le métro	**the subway** [ðə 'sʌbweɪ]
mon hôtel	**my hotel** [maɪ həʊ'tel]
le cinéma	**the movie theater** [ðə 'muːvi 'θiːətə]
un arrêt de taxi	**a taxi stand** [ə 'tæksi stænd]

un distributeur	**an ATM** [ən eɪtiː'em]
un bureau de change	**a foreign exchange office** [ə 'fɒrən ɪk'stʃeɪndʒ 'ɒfɪs]
un café internet	**an internet café** [ən 'ɪntənet 'kæfeɪ]
la rue ...	**... street** [... striːt]
cette place-ci	**this place** [ðɪs 'pleɪs]

Savez-vous où se trouve ...?	**Do you know where ... is?** [də ju nəʊ weə ... ɪz?]
Quelle est cette rue?	**Which street is this?** [wɪtʃ striːt ɪs ðɪs?]
Montrez-moi où sommes-nous, s'il vous plaît.	**Show me where we are right now.** [ʃəʊ miː weə wi ə raɪt naʊ]

Est-ce que je peux y aller à pied?	**Can I get there on foot?** [kən aɪ get ðər ɒn fʊt?]
Avez-vous une carte de la ville?	**Do you have a map of the city?** [də ju hɛv ə mæp əv ðə 'sɪti?]

C'est combien pour un ticket?	**How much is a ticket to get in?** [haʊ 'mʌtʃ ɪz ə 'tɪkɪt tə get ɪn?]
Est-ce que je peux faire des photos?	**Can I take pictures here?** [kən aɪ teɪk 'pɪktʃəz hɪə?]
Êtes-vous ouvert?	**Are you open?** [ə ju 'əʊpən?]

À quelle heure ouvrez-vous?

When do you open?
[wen də ju 'əʊpən?]

À quelle heure fermez-vous?

When do you close?
[wen də ju kləʊz?]

L'argent

argent	**money** ['mʌni]
argent liquide	**cash** [kæʃ]
des billets	**paper money** ['peɪpə 'mʌni]
petite monnaie	**loose change** [luːs tʃeɪndʒ]
l'addition | de la monnaie | le pourboire	**check | change | tip** [tʃek | tʃeɪndʒ | tɪp]

carte de crédit	**credit card** ['kredɪt kɑːd]
portefeuille	**wallet** ['wɒlɪt]
acheter	**to buy** [tə baɪ]
payer	**to pay** [tə peɪ]
amende	**fine** [faɪn]
gratuit	**free** [friː]

Où puis-je acheter … ?	**Where can I buy …?** [weə kən aɪ baɪ …?]
Est-ce que la banque est ouverte en ce moment?	**Is the bank open now?** [ɪz ðə bæŋk 'əupən nau?]
À quelle heure ouvre-t-elle?	**When does it open?** [wen dəz ɪt 'əupən?]
À quelle heure ferme-t-elle?	**When does it close?** [wen dəz ɪt kləuz?]

C'est combien?	**How much?** [hau 'mʌtʃ?]
Combien ça coûte?	**How much is this?** [hau 'mʌtʃ ɪz ðɪs?]
C'est trop cher.	**That's too expensive.** [ðæts tuː ɪk'spensɪv]

Excusez-moi, où est la caisse?	**Excuse me, where do I pay?** [ɪk'skjuːz miː, weə də aɪ peɪ?]
L'addition, s'il vous plaît.	**Check, please.** [tʃek, pliːz]

Puis-je payer avec la carte?	**Can I pay by credit card?** [kən aɪ peɪ baɪ 'kredɪt kɑːd?]
Est-ce qu'il y a un distributeur ici?	**Is there an ATM here?** [ɪz ðər ən eɪtiːˈem hɪə?]
Je cherche un distributeur.	**I'm looking for an ATM.** [aɪm 'lʊkɪŋ fər ən eɪtiːˈem]

Je cherche un bureau de change.	**I'm looking for a foreign exchange office.** [aɪm 'lʊkɪŋ fər ə 'fɒrən ɪk'stʃeɪndʒ 'ɒfɪs]
Je voudrais changer …	**I'd like to change …** [aɪd laɪk tə tʃeɪndʒ …]
Quel est le taux de change?	**What is the exchange rate?** [wɒts ði ɪk'stʃeɪndʒ reɪt?]
Avez-vous besoin de mon passeport?	**Do you need my passport?** [də ju niːd maɪ 'pɑːspɔːt?]

Le temps

Quelle heure est-il?	**What time is it?** [wɒt taɪm ɪz ɪt?]
Quand?	**When?** [wen?]
À quelle heure?	**At what time?** [ət wɒt taɪm?]
maintenant | plus tard | après ...	**now | later | after ...** [naʊ | 'leɪtə | 'ɑːftə ...]

une heure	**one o'clock** [wʌn ə'klɒk]
une heure et quart	**one fifteen** [wʌn fɪf'tiːn]
une heure et demie	**one thirty** [wʌn 'θɜːti]
deux heures moins quart	**one forty-five** [wʌn 'fɔːti faɪv]

un | deux | trois	**one | two | three** [wʌn | tuː | θriː]
quatre | cinq | six	**four | five | six** [fɔː | faɪv | sɪks]
sept | huit | neuf	**seven | eight | nine** [sevn | eɪt | naɪn]
dix | onze | douze	**ten | eleven | twelve** [ten | ɪ'levn | twelv]

dans ...	**in ...** [ɪn ...]
cinq minutes	**five minutes** [faɪv 'mɪnɪts]
dix minutes	**ten minutes** [ten 'mɪnɪts]
quinze minutes	**fifteen minutes** [fɪf'tiːn 'mɪnɪts]
vingt minutes	**twenty minutes** ['twenti 'mɪnɪts]

une demi-heure	**half an hour** [hɑːf ən 'aʊə]
une heure	**an hour** [ən 'aʊə]

dans la matinée	**in the morning** [ɪn ðə 'mɔːnɪŋ]
tôt le matin	**early in the morning** ['ɜːli ɪn ðə 'mɔːnɪŋ]
ce matin	**this morning** [ðɪs 'mɔːnɪŋ]
demain matin	**tomorrow morning** [tə'mɒrəʊ 'mɔːnɪŋ]
à midi	**at noon** [ət nuːn]
dans l'après-midi	**in the afternoon** [ɪn ði ɑːftə'nuːn]
dans la soirée	**in the evening** [ɪn ði 'iːvnɪŋ]
ce soir	**tonight** [tə'naɪt]
la nuit	**at night** [ət naɪt]
hier	**yesterday** ['jestədi]
aujourd'hui	**today** [tə'deɪ]
demain	**tomorrow** [tə'mɒrəʊ]
après-demain	**the day after tomorrow** [ðə deɪ 'ɑːftə tə'mɒrəʊ]
Quel jour sommes-nous aujourd'hui?	**What day is it today?** [wɒt deɪ ɪz ɪt tə'deɪ?]
Nous sommes ...	**It's ...** [ɪts ...]
lundi	**Monday** ['mʌndɪ]
mardi	**Tuesday** ['tjuːzdi]
mercredi	**Wednesday** ['wenzdɪ]
jeudi	**Thursday** ['θɜːzdɪ]
vendredi	**Friday** ['fraɪdɪ]
samedi	**Saturday** ['sætədɪ]
dimanche	**Sunday** ['sʌndɪ]

Salutations - Introductions

Bonjour.	**Hello.** [hə'ləʊ]
Enchanté /Enchantée/	**Pleased to meet you.** [pliːzd tə miːt ju]
Moi aussi.	**Me too.** [mi: tu:]
Je voudrais vous présenter ...	**I'd like you to meet ...** [aɪd laɪk ju tə miːt ...]
Ravi /Ravie/ de vous rencontrer.	**Nice to meet you.** [naɪs tə miːt ju]

Comment allez-vous?	**How are you?** [haʊ ə ju?]
Je m'appelle ...	**My name is ...** [maɪ neɪm ɪz ...]
Il s'appelle ...	**His name is ...** [hɪz neɪm ɪz ...]
Elle s'appelle ...	**Her name is ...** [hə neɪm ɪz ...]
Comment vous appelez-vous?	**What's your name?** [wɒts jɔː neɪm?]
Quel est son nom?	**What's his name?** [wɒts ɪz neɪm?]
Quel est son nom?	**What's her name?** [wɒts hə neɪm?]

Quel est votre nom de famille?	**What's your last name?** [wɒts jɔː lɑːst neɪm?]
Vous pouvez m'appeler ...	**You can call me ...** [ju kən kɔːl mi: ...]
D'où êtes-vous?	**Where are you from?** [weər ə ju frɒm?]
Je suis de ...	**I'm from ...** [aɪm frəm ...]
Qu'est-ce que vous faites dans la vie?	**What do you do for a living?** [wɒt də ju də fər ə 'lɪvɪŋ?]
Qui est-ce?	**Who is this?** [hu: ɪz ðɪs?]
Qui est-il?	**Who is he?** [hu: ɪz hi?]
Qui est-elle?	**Who is she?** [hu: ɪz ʃi?]
Qui sont-ils?	**Who are they?** [hu: ə ðeɪ?]

C'est ...	**This is ...** [ðɪs ɪz ...]
mon ami	**my friend** [maɪ frend]
mon amie	**my friend** [maɪ frend]
mon mari	**my husband** [maɪ ˈhʌzbənd]
ma femme	**my wife** [maɪ waɪf]
mon père	**my father** [maɪ ˈfɑːðə]
ma mère	**my mother** [maɪ ˈmʌðə]
mon frère	**my brother** [maɪ ˈbrʌðə]
ma sœur	**my sister** [maɪ ˈsɪstə]
mon fils	**my son** [maɪ sʌn]
ma fille	**my daughter** [maɪ ˈdɔːtə]
C'est notre fils.	**This is our son.** [ðɪs ɪz ˈaʊə sʌn]
C'est notre fille.	**This is our daughter.** [ðɪs ɪz ˈaʊə ˈdɔːtə]
Ce sont mes enfants.	**These are my children.** [ðiːz ə maɪ ˈtʃɪldrən]
Ce sont nos enfants.	**These are our children.** [ðiːz ə ˈaʊə ˈtʃɪldrən]

Les adieux

Au revoir!	**Good bye!** [gʊd baɪ!]
Salut!	**Bye!** [baɪ!]
À demain.	**See you tomorrow.** [siː ju təˈmɒrəʊ]
À bientôt.	**See you soon.** [siː ju suːn]
On se revoit à sept heures.	**See you at seven.** [siː ju ət sevn]
Amusez-vous bien!	**Have fun!** [hɛv fʌn!]
On se voit plus tard.	**Talk to you later.** [tɔːk tə ju ˈleɪtə]
Bonne fin de semaine.	**Have a nice weekend.** [hɛv ə naɪs wiːkˈend]
Bonne nuit.	**Good night.** [gʊd naɪt]
Il est l'heure que je parte.	**It's time for me to go.** [ɪts taɪm fə miː tə gəʊ]
Je dois m'en aller.	**I have to go.** [aɪ hɛv tə gəʊ]
Je reviens tout de suite.	**I will be right back.** [aɪ wɪl bi raɪt bæk]
Il est tard.	**It's late.** [ɪts leɪt]
Je dois me lever tôt.	**I have to get up early.** [aɪ hɛv tə get ˈʌp ˈɜːli]
Je pars demain.	**I'm leaving tomorrow.** [aɪm ˈliːvɪŋ təˈmɒrəʊ]
Nous partons demain.	**We're leaving tomorrow.** [wɪə ˈliːvɪŋ təˈmɒrəʊ]
Bon voyage!	**Have a nice trip!** [hɛv ə naɪs trɪp!]
Enchanté de faire votre connaissance.	**It was nice meeting you.** [ɪt wəz naɪs ˈmiːtɪŋ ju]
Heureux /Heureuse/ d'avoir parlé avec vous.	**It was nice talking to you.** [ɪt wəz naɪs ˈtɔːkɪŋ tə ju]
Merci pour tout.	**Thanks for everything.** [θæŋks fər ˈevrɪθɪŋ]

Je me suis vraiment amusé /amusée/   **I had a very good time.**
[aɪ həd ə 'veri gʊd taɪm]

Nous nous sommes vraiment
amusés /amusées/   **We had a very good time.**
[wi həd ə 'veri gʊd taɪm]

C'était vraiment plaisant.   **It was really great.**
[ɪt wəz 'rɪəli greɪt]

Vous allez me manquer.   **I'm going to miss you.**
[aɪm 'gəʊɪŋ tə mɪs ju]

Vous allez nous manquer.   **We're going to miss you.**
[wɪə 'gəʊɪŋ tə mɪs ju]

Bonne chance!   **Good luck!**
[gʊd lʌk!]

Mes salutations à …   **Say hi to …**
[seɪ haɪ tə …]

Une langue étrangère

Je ne comprends pas.	**I don't understand.** [aɪ dəʊnt ʌndə'stænd]
Écrivez-le, s'il vous plaît.	**Write it down, please.** [raɪt ɪt daʊn, pliːz]
Parlez-vous …?	**Do you speak …?** [də ju spiːk …?]

Je parle un peu …	**I speak a little bit of …** [aɪ spiːk ə lɪtl bɪt əv …]
anglais	**English** ['ɪŋglɪʃ]
turc	**Turkish** ['tɜːkɪʃ]
arabe	**Arabic** ['ærəbɪk]
français	**French** [frentʃ]

allemand	**German** ['dʒɜːmən]
italien	**Italian** [ɪ'tæljən]
espagnol	**Spanish** ['spænɪʃ]
portugais	**Portuguese** [pɔːtʃʊ'giːz]
chinois	**Chinese** [tʃaɪ'niːz]
japonais	**Japanese** [dʒæpə'niːz]

Pouvez-vous le répéter, s'il vous plaît.	**Can you repeat that, please.** [kən ju rɪ'piːt ðæt, pliːz]
Je comprends.	**I understand.** [aɪ ʌndə'stænd]
Je ne comprends pas.	**I don't understand.** [aɪ dəʊnt ʌndə'stænd]
Parlez plus lentement, s'il vous plaît.	**Please speak more slowly.** [pliːz spiːk mɔː 'sləʊli]

Est-ce que c'est correct?	**Is that correct?** [ɪz ðət kə'rekt?]
Qu'est-ce que c'est?	**What is this?** [wɒts ðɪs?]

Les excuses

Excusez-moi, s'il vous plaît.	**Excuse me, please.** [ɪk'skjuːz miː, pliːz]
Je suis désolé /désolée/	**I'm sorry.** [aɪm 'sɒri]
Je suis vraiment /désolée/	**I'm really sorry.** [aɪm 'rɪəli 'sɒri]
Désolé /Désolée/, c'est ma faute.	**Sorry, it's my fault.** ['sɒri, ɪts maɪ fɔːt]
Au temps pour moi.	**My mistake.** [maɪ mɪ'steɪk]

Puis-je ... ?	**May I ...?** [meɪ aɪ ...?]
Ça vous dérange si je ...?	**Do you mind if I ...?** [də ju maɪnd ɪf aɪ ...?]
Ce n'est pas grave.	**It's OK.** [ɪts əʊ'keɪ]
Ça va.	**It's all right.** [ɪts ɔːl raɪt]
Ne vous inquiétez pas.	**Don't worry about it.** [dəʊnt 'wʌri ə'baʊt ɪt]

Les accords

Oui	**Yes.** [jes]
Oui, bien sûr.	**Yes, sure.** [jes, ʃʊə]
Bien.	**OK (Good!)** [əʊ'keɪ (gʊd!)]
Très bien.	**Very well.** ['veri wel]
Bien sûr!	**Certainly!** ['sɜːtnli!]
Je suis d'accord.	**I agree.** [aɪ ə'griː]

C'est correct.	**That's correct.** [ðæts kə'rekt]
C'est exact.	**That's right.** [ðæts raɪt]
Vous avez raison.	**You're right.** [jʊə raɪt]
Je ne suis pas contre.	**I don't mind.** [aɪ dəʊnt maɪnd]
Tout à fait correct.	**Absolutely right.** ['æbsəluːtli raɪt]

C'est possible.	**It's possible.** [ɪts 'pɒsəbl]
C'est une bonne idée.	**That's a good idea.** [ðæts ə gʊd aɪ'dɪə]
Je ne peux pas dire non.	**I can't say no.** [aɪ kɑːnt 'seɪ nəʊ]
J'en serai ravi /ravie/	**I'd be happy to.** [aɪd bi 'hæpi tuː]
Avec plaisir.	**With pleasure.** [wɪð 'pleʒə]

Refus, exprimer le doute

Non	**No.** [nəʊ]
Absolument pas.	**Certainly not.** ['sɜːtnli nɒt]
Je ne suis pas d'accord.	**I don't agree.** [aɪ dəʊnt ə'griː]
Je ne le crois pas.	**I don't think so.** [aɪ dəʊnt 'θɪŋk 'səʊ]
Ce n'est pas vrai.	**It's not true.** [ɪts nɒt truː]
Vous avez tort.	**You are wrong.** [ju ə rɒŋ]
Je pense que vous avez tort.	**I think you are wrong.** [aɪ θɪŋk ju ə rɒŋ]
Je ne suis pas sûr /sûre/	**I'm not sure.** [aɪm nɒt ʃʊə]
C'est impossible.	**It's impossible.** [ɪts ɪm'pɒsəbl]
Pas du tout!	**No way!** [nəʊ 'weɪ!]
Au contraire!	**The exact opposite.** [ði ɪg'zækt 'ɒpəzɪt]
Je suis contre.	**I'm against it.** [aɪm ə'genst ɪt]
Ça m'est égal.	**I don't care.** [aɪ dəʊnt 'keə]
Je n'ai aucune idée.	**I have no idea.** [aɪ hɛv nəʊ aɪ'dɪə]
Je doute que cela soit ainsi.	**I doubt that.** [aɪ daʊt ðɛt]
Désolé /Désolée/, je ne peux pas.	**Sorry, I can't.** ['sɒri, aɪ kɑːnt]
Désolé /Désolée/, je ne veux pas.	**Sorry, I don't want to.** ['sɒri, aɪ dəʊnt wɒnt tuː]
Merci, mais ça ne m'intéresse pas.	**Thank you, but I don't need this.** [θæŋk ju, bət aɪ dəʊnt niːd ðɪs]
Il se fait tard.	**It's late.** [ɪts leɪt]

Je dois me lever tôt.

I have to get up early.
[aɪ hɛv tə get 'ʌp 'ɜːli]

Je ne me sens pas bien.

I don't feel well.
[aɪ dəʊnt fiːl wel]

Exprimer la gratitude

Merci.	**Thank you.** [θæŋk ju]
Merci beaucoup.	**Thank you very much.** [θæŋk ju 'veri 'mʌtʃ]
Je l'apprécie beaucoup.	**I really appreciate it.** [aɪ 'rɪəli ə'priːʃieɪt ɪt]
Je vous suis très reconnaissant.	**I'm really grateful to you.** [aɪm 'rɪəli 'greɪtfəl tə ju]
Nous vous sommes très reconnaissant.	**We are really grateful to you.** [wi ə 'rɪəli 'greɪtfəl tə ju]

Merci pour votre temps.	**Thank you for your time.** [θæŋk ju fə jɔː taɪm]
Merci pour tout.	**Thanks for everything.** [θæŋks fər 'evrɪθɪŋ]
Merci pour ...	**Thank you for ...** [θæŋk ju fə ...]
votre aide	**your help** [jɔː help]
les bons moments passés	**a nice time** [ə naɪs taɪm]

un repas merveilleux	**a wonderful meal** [ə 'wʌndəfəl miːl]
cette agréable soirée	**a pleasant evening** [ə pleznt 'iːvnɪŋ]
cette merveilleuse journée	**a wonderful day** [ə 'wʌndəfəl deɪ]
une excursion extraordinaire	**an amazing journey** [ən ə'meɪzɪŋ 'dʒɜːni]

Il n'y a pas de quoi.	**Don't mention it.** [dəʊnt menʃn ɪt]
Vous êtes les bienvenus.	**You are welcome.** [ju ə 'welkəm]
Mon plaisir.	**Any time.** ['eni taɪm]
J'ai été heureux /heureuse/ de vous aider.	**My pleasure.** [maɪ 'pleʒə]
Ça va. N'y pensez plus.	**Forget it. It's alright.** [fə'get ɪt. its əlraɪt]
Ne vous inquiétez pas.	**Don't worry about it.** [dəʊnt 'wʌri ə'baʊt ɪt]

Félicitations. Vœux de fête

Félicitations!
Congratulations!
[kəngrætʊ'leɪʃnz!]

Joyeux anniversaire!
Happy birthday!
['hæpi 'bɜ:θdeɪ!]

Joyeux Noël!
Merry Christmas!
['meri 'krɪsməs!]

Bonne Année!
Happy New Year!
['hæpi nju: 'jiə!]

Joyeuses Pâques!
Happy Easter!
['hæpi 'i:stə!]

Joyeux Hanoukka!
Happy Hanukkah!
['hæpi 'hɑːnəkə!]

Je voudrais proposer un toast.
I'd like to propose a toast.
[aɪd laɪk tə prə'pəʊz ə təʊst]

Santé!
Cheers!
[tʃɪəz!]

Buvons à ...!
Let's drink to ...!
[lets drɪŋk tə ...!]

À notre succès!
To our success!
[tu 'aʊə sək'ses!]

À votre succès!
To your success!
[tə jɔ: sək'ses!]

Bonne chance!
Good luck!
[gʊd lʌk!]

Bonne journée!
Have a nice day!
[hɛv ə naɪs deɪ!]

Passez de bonnes vacances !
Have a good holiday!
[hɛv ə gʊd 'hɒlədeɪ!]

Bon voyage!
Have a safe journey!
[hɛv ə seɪf 'dʒɜ:ni!]

Rétablissez-vous vite.
I hope you get better soon!
[aɪ həʊp ju get 'betə su:n!]

Socialiser

Pourquoi êtes-vous si triste?	**Why are you sad?** [waɪ ə ju sæd?]
Souriez!	**Smile!** [smaɪl!]
Êtes-vous libre ce soir?	**Are you free tonight?** [ə ju fri: təˈnaɪt?]

Puis-je vous offrir un verre?	**May I offer you a drink?** [meɪ aɪ ˈɒfə ju ə drɪŋk?]
Voulez-vous danser?	**Would you like to dance?** [wʊd ju laɪk tə dɑːns?]
Et si on va au cinéma?	**Let's go to the movies.** [lets gəʊ tə ðə ˈmuːvɪz]

Puis-je vous inviter ...	**May I invite you to ...?** [meɪ aɪ ɪnˈvaɪt ju tə ...?]
au restaurant	**a restaurant** [ə ˈrestrɒnt]
au cinéma	**the movies** [ðə ˈmuːvɪz]
au théâtre	**the theater** [ðə ˈθiːətə]
pour une promenade	**go for a walk** [gəʊ fər ə wɔːk]

À quelle heure?	**At what time?** [ət wɒt taɪm?]
ce soir	**tonight** [təˈnaɪt]
à six heures	**at six** [ət sɪks]
à sept heures	**at seven** [ət sevn]
à huit heures	**at eight** [ət eɪt]
à neuf heures	**at nine** [ət naɪn]

Est-ce que vous aimez cet endroit?	**Do you like it here?** [də ju laɪk ɪt hɪə?]
Êtes-vous ici avec quelqu'un?	**Are you here with someone?** [ə ju hɪə wɪð ˈsʌmwʌn?]
Je suis avec mon ami.	**I'm with my friend.** [aɪm wɪð maɪ ˈfrend]

Je suis avec mes amis.	**I'm with my friends.** [aɪm wɪð maɪ frendz]
Non, je suis seul /seule/	**No, I'm alone.** [nəʊ, aɪm ə'ləʊn]

As-tu un copain?	**Do you have a boyfriend?** [də ju hɛv ə 'bɔɪfrend?]
J'ai un copain.	**I have a boyfriend.** [aɪ hɛv ə 'bɔɪfrend]
As-tu une copine?	**Do you have a girlfriend?** [də ju hɛv ə 'gɜːlfrend?]
J'ai une copine.	**I have a girlfriend.** [aɪ hɛv ə 'gɜːlfrend]

Est-ce que je peux te revoir?	**Can I see you again?** [kən aɪ siː ju ə'gen?]
Est-ce que je peux t'appeler?	**Can I call you?** [kən aɪ kɔːl ju?]
Appelle-moi.	**Call me.** [kɔːl miː]
Quel est ton numéro?	**What's your number?** [wɒts jɔː 'nʌmbə?]
Tu me manques.	**I miss you.** [aɪ mɪs ju]

Vous avez un très beau nom.	**You have a beautiful name.** [ju hɛv ə 'bjuːtəfl neɪm]
Je t'aime.	**I love you.** [aɪ lʌv ju]
Veux-tu te marier avec moi?	**Will you marry me?** [wɪl ju 'mæri miː?]
Vous plaisantez!	**You're kidding!** [jə 'kɪdɪŋ!]
Je plaisante.	**I'm just kidding.** [aɪm dʒest 'kɪdɪŋ]

Êtes-vous sérieux /sérieuse/?	**Are you serious?** [ə ju 'sɪərɪəs?]
Je suis sérieux /sérieuse/	**I'm serious.** [aɪm 'sɪərɪəs]
Vraiment?!	**Really?!** ['rɪəli?!]
C'est incroyable!	**It's unbelievable!** [ɪts ʌnbɪ'liːvəbl!]
Je ne vous crois pas.	**I don't believe you.** [aɪ dəʊnt bɪ'liːv ju]
Je ne peux pas.	**I can't.** [aɪ kɑːnt]
Je ne sais pas.	**I don't know.** [aɪ dəʊnt nəʊ]
Je ne vous comprends pas	**I don't understand you.** [aɪ dəʊnt ʌndə'stænd ju]

Laissez-moi! Allez-vous-en!	**Please go away.** [pliːz gəʊ əˈweɪ]
Laissez-moi tranquille!	**Leave me alone!** [liːv miː əˈləʊn!]

Je ne le supporte pas.	**I can't stand him.** [aɪ kɑːnt stænd hɪm]
Vous êtes dégoûtant!	**You are disgusting!** [juː ə dɪsˈgʌstɪŋ!]
Je vais appeler la police!	**I'll call the police!** [aɪl kɔːl ðə pəˈliːs!]

Partager des impressions. Émotions

J'aime ça.	**I like it.** [aɪ laɪk ɪt]
C'est gentil.	**Very nice.** ['veri naɪs]
C'est super!	**That's great!** [ðæts 'greɪt!]
C'est assez bien.	**It's not bad.** [ɪts nɒt bæd]

Je n'aime pas ça.	**I don't like it.** [aɪ dəʊnt laɪk ɪt]
Ce n'est pas bien.	**It's not good.** [ɪts nɒt gʊd]
C'est mauvais.	**It's bad.** [ɪts bæd]
Ce n'est pas bien du tout.	**It's very bad.** [ɪts 'veri bæd]
C'est dégoûtant.	**It's disgusting.** [ɪts dɪs'gʌstɪŋ]

Je suis content /contente/	**I'm happy.** [aɪm 'hæpi]
Je suis heureux /heureuse/	**I'm content.** [aɪm kən'tent]
Je suis amoureux /amoureuse/	**I'm in love.** [aɪm ɪn lʌv]
Je suis calme.	**I'm calm.** [aɪm kɑ:m]
Je m'ennuie.	**I'm bored.** [aɪm bɔ:d]

Je suis fatigué /fatiguée/	**I'm tired.** [aɪm 'taɪəd]
Je suis triste.	**I'm sad.** [aɪm sæd]
J'ai peur.	**I'm frightened.** [aɪm 'fraɪtnd]

Je suis fâché /fâchée/	**I'm angry.** [aɪm 'æŋgri]
Je suis inquiet /inquiète/	**I'm worried.** [aɪm 'wʌrɪd]
Je suis nerveux /nerveuse/	**I'm nervous.** [aɪm 'nɜ:vəs]

Je suis jaloux /jalouse/

I'm jealous.
[aɪm 'dʒeləs]

Je suis surpris /surprise/

I'm surprised.
[aɪm sə'praɪzd]

Je suis gêné /gênée/

I'm perplexed.
[aɪm pə'plekst]

Problèmes. Accidents

J'ai un problème.

I've got a problem.
[aɪv gɒt ə 'prɒbləm]

Nous avons un problème.

We've got a problem.
[wiv gɒt ə 'prɒbləm]

Je suis perdu /perdue/

I'm lost.
[aɪm lɒst]

J'ai manqué le dernier bus (train).

I missed the last bus (train).
[aɪ mɪst ðə lɑ:st bʌs (treɪn)]

Je n'ai plus d'argent.

I don't have any money left.
[aɪ dəʊnt hɛv 'eni 'mʌni left]

J'ai perdu mon ...

I've lost my ...
[aɪv lɒst maɪ ...]

On m'a volé mon ...

Someone stole my ...
['sʌmwʌn stəʊl maɪ ...]

passeport

passport
['pɑ:spɔ:t]

portefeuille

wallet
['wɒlɪt]

papiers

papers
['peɪpəz]

billet

ticket
['tɪkɪt]

argent

money
['mʌni]

sac à main

handbag
['hændbæg]

appareil photo

camera
['kæmərə]

portable

laptop
['læptɒp]

ma tablette

tablet computer
['tæblɪt kəm'pju:tə]

mobile

mobile phone
['məʊbaɪl fəʊn]

Au secours!

Help me!
[help mi:!]

Qu'est-il arrivé?

What's happened?
[wɒts 'hæpənd?]

un incendie

fire
['faɪə]

des coups de feu	**shooting** ['ʃuːtɪŋ]
un meurtre	**murder** [a 'mɜːdə]
une explosion	**explosion** [ɪk'spləʊʒn]
une bagarre	**fight** [a faɪt]

Appelez la police!	**Call the police!** [kɔːl ðə pə'liːs!]
Dépêchez-vous, s'il vous plaît!	**Please hurry up!** [pliːz 'hʌri ʌp!]
Je cherche le commissariat de police.	**I'm looking for the police station.** [aɪm 'lʊkɪŋ fər ðə pə'liːs steɪʃn]
Il me faut faire un appel.	**I need to make a call.** [aɪ niːd tə meɪk ə kɔːl]
Puis-je utiliser votre téléphone?	**May I use your phone?** [meɪ aɪ juːz jɔː fəʊn?]

J'ai été ...	**I've been ...** [aɪv biːn ...]
agressé /agressée/	**mugged** [mʌgd]
volé /volée/	**robbed** [rɒbd]
violée	**raped** [reɪpt]
attaqué /attaquée/	**attacked** [ə'tækt]

Est-ce que ça va?	**Are you all right?** [ə ju ɔːl raɪt?]
Avez-vous vu qui c'était?	**Did you see who it was?** [dɪd ju siː huː ɪt wɒz?]
Pourriez-vous reconnaître cette personne?	**Would you be able to recognize the person?** [wʊd ju bi eɪbl tə 'rekəgnaɪz ðə 'pɜːsn?]
Vous êtes sûr?	**Are you sure?** [ə ju ʃʊə?]

Calmez-vous, s'il vous plaît.	**Please calm down.** [pliːz kɑːm daʊn]
Calmez-vous!	**Take it easy!** [teɪk ɪt 'iːzi!]
Ne vous inquiétez pas.	**Don't worry!** [dəʊnt 'wʌri!]
Tout ira bien.	**Everything will be fine.** ['evrɪθɪŋ wɪl bi faɪn]
Ça va. Tout va bien.	**Everything's all right.** ['evrɪθɪŋz ɔːl raɪt]

Venez ici, s'il vous plaît.

Come here, please.
[kʌm hɪə, pliːz]

J'ai des questions à vous poser.

I have some questions for you.
[aɪ hɛv səm 'kwestʃənz fə ju]

Attendez un moment, s'il vous plaît.

Wait a moment, please.
[weɪt ə 'məʊmənt, pliːz]

Avez-vous une carte d'identité?

Do you have any I.D.?
[də ju hɛv 'eni aɪ diː.?]

Merci. Vous pouvez partir maintenant.

Thanks. You can leave now.
[θæŋks. ju kən liːv naʊ]

Les mains derrière la tête!

Hands behind your head!
[hændz bɪ'haɪnd jɔː hed!]

Vous êtes arrêté!

You're under arrest!
[jər 'ʌndər ə'rest!]

Problèmes de santé

Aidez-moi, s'il vous plaît.	**Please help me.** [pli:z help mi:]
Je ne me sens pas bien.	**I don't feel well.** [aɪ dəʊnt fi:l wel]
Mon mari ne se sent pas bien.	**My husband doesn't feel well.** [maɪ 'hʌzbənd 'dʌznt fi:l wel]
Mon fils ...	**My son ...** [maɪ sʌn ...]
Mon père ...	**My father ...** [maɪ 'fɑ:ðə ...]

Ma femme ne se sent pas bien.	**My wife doesn't feel well.** [maɪ waɪf 'dʌznt fi:l wel]
Ma fille ...	**My daughter ...** [maɪ 'dɔ:tə ...]
Ma mère ...	**My mother ...** [maɪ 'mʌðə ...]

J'ai mal ...	**I've got a ...** [aɪv gɒt ə ...]
à la tête	**headache** ['hedeɪk]
à la gorge	**sore throat** [sɔ: θrəʊt]
à l'estomac	**stomach ache** ['stʌmək eɪk]
aux dents	**toothache** ['tu:θeɪk]

J'ai le vertige.	**I feel dizzy.** [aɪ fi:l 'dɪzi]
Il a de la fièvre.	**He has a fever.** [hi həz ə 'fi:və]
Elle a de la fièvre.	**She has a fever.** [ʃi həz ə 'fi:və]
Je ne peux pas respirer.	**I can't breathe.** [aɪ kɑ:nt bri:ð]

J'ai du mal à respirer.	**I'm short of breath.** [aɪm ʃɔ:t əv breθ]
Je suis asthmatique.	**I am asthmatic.** [aɪ əm æs'mætɪk]
Je suis diabétique.	**I am diabetic.** [aɪ əm daɪə'betɪk]

Je ne peux pas dormir.	**I can't sleep.** [aɪ kɑːnt sliːp]
intoxication alimentaire	**food poisoning** [fuːd 'pɔɪznɪŋ]

Ça fait mal ici.	**It hurts here.** [ɪt hɜːts hɪə]
Aidez-moi!	**Help me!** [help miː!]
Je suis ici!	**I am here!** [aɪ əm hɪə!]
Nous sommes ici!	**We are here!** [wi ə hɪə!]
Sortez-moi d'ici!	**Get me out of here!** [get miː aʊt əv hɪə!]
J'ai besoin d'un docteur.	**I need a doctor.** [aɪ niːd ə 'dɒktə]
Je ne peux pas bouger!	**I can't move.** [aɪ kɑːnt muːv!]
Je ne peux pas bouger mes jambes.	**I can't move my legs.** [aɪ kɑːnt muːv maɪ legz]

Je suis blessé /blessée/	**I have a wound.** [aɪ hɛv ə wuːnd]
Est-ce que c'est sérieux?	**Is it serious?** [ɪz ɪt 'sɪərɪəs?]
Mes papiers sont dans ma poche.	**My documents are in my pocket.** [maɪ 'dɒkjʊments ər ɪn maɪ 'pɒkɪt]
Calmez-vous!	**Calm down!** [kɑːm daʊn!]
Puis-je utiliser votre téléphone?	**May I use your phone?** [meɪ aɪ juːz jɔː fəʊn?]

Appelez une ambulance!	**Call an ambulance!** [kɔːl ən 'æmbjələns!]
C'est urgent!	**It's urgent!** [ɪts 'ɜːdʒənt!]
C'est une urgence!	**It's an emergency!** [ɪts ən ɪ'mɜːdʒənsi!]
Dépêchez-vous, s'il vous plaît!	**Please hurry up!** [pliːz 'hʌri 'ʌp!]
Appelez le docteur, s'il vous plaît.	**Would you please call a doctor?** [wʊd ju pliːz kɔːl ə 'dɒktə?]
Où est l'hôpital?	**Where is the hospital?** [weə ɪz ðə 'hɒspɪtl?]

Comment vous sentez-vous?	**How are you feeling?** [haʊ ə ju 'fiːlɪŋ?]
Est-ce que ça va?	**Are you all right?** [ə ju ɔːl raɪt?]
Qu'est-il arrivé?	**What's happened?** [wɒts 'hæpənd?]

Je me sens mieux maintenant.

I feel better now.
[aɪ fiːl ˈbetə naʊ]

Ça va. Tout va bien.

It's OK.
[ɪts əʊˈkeɪ]

Ça va.

It's all right.
[ɪts ɔːl raɪt]

À la pharmacie

pharmacie	**Pharmacy (drugstore)** ['fɑːməsi (ˈdrʌgstɔː)]
pharmacie 24 heures	**24-hour pharmacy** ['twenti fɔːr 'aʊə 'fɑːməsi]
Où se trouve la pharmacie la plus proche?	**Where is the closest pharmacy?** [weə ɪz ðə 'kləʊsɪst 'fɑːməsi?]
Est-elle ouverte en ce moment?	**Is it open now?** [ɪz ɪt 'əʊpən naʊ?]
À quelle heure ouvre-t-elle?	**At what time does it open?** [ət wɒt taɪm dəz ɪt 'əʊpən?]
à quelle heure ferme-t-elle?	**At what time does it close?** [ət wɒt taɪm dəz ɪt kləʊz?]
C'est loin?	**Is it far?** [ɪz ɪt fɑː?]
Est-ce que je peux y aller à pied?	**Can I get there on foot?** [kən aɪ get ðər ɒn fʊt?]
Pouvez-vous me le montrer sur la carte?	**Can you show me on the map?** [kən ju ʃəʊ miː ɒn ðə mæp?]
Pouvez-vous me donner quelque chose contre ...	**Please give me something for ...** [pliːz gɪv miː 'sʌmθɪŋ fə ...]
le mal de tête	**a headache** [ə 'hedeɪk]
la toux	**a cough** [ə kɒf]
le rhume	**a cold** [ə kəʊld]
la grippe	**the flu** [ðə fluː]
la fièvre	**a fever** [ə 'fiːvə]
un mal d'estomac	**a stomach ache** [ə 'stʌmək eɪk]
la nausée	**nausea** ['nɔːsɪə]
la diarrhée	**diarrhea** [daɪə'rɪə]
la constipation	**constipation** [kɒnstɪ'peɪʃn]
un mal de dos	**pain in the back** [peɪn ɪn ðə 'bæk]

les douleurs de poitrine	**chest pain** [tʃest peɪn]
les points de côté	**side stitch** [saɪd stɪtʃ]
les douleurs abdominales	**abdominal pain** [æb'dɒmɪnəl peɪn]

une pilule	**pill** [pɪl]
un onguent, une crème	**ointment, cream** ['ɔɪntmənt, kri:m]
un sirop	**syrup** ['sɪrəp]
un spray	**spray** [sprɛj]
les gouttes	**drops** [drɒps]

Vous devez allez à l'hôpital.	**You need to go to the hospital.** [ju ni:d tə gəʊ tə ðə 'hɒspɪtl]
assurance maladie	**health insurance** [helθ ɪn'ʃʊərəns]
prescription	**prescription** [prɪ'skrɪpʃn]
produit anti-insecte	**insect repellant** ['ɪnsekt rɪ'pelənt]
bandages adhésifs	**sticking plaster** ['stikiŋ 'plastə]

Les essentiels

Excusez-moi, ...	**Excuse me, ...** [ɪk'skjuːz miː, ...]
Bonjour	**Hello.** [hə'ləʊ]
Merci	**Thank you.** [θæŋk juː]
Au revoir	**Good bye.** [ɡʊd baɪ]
Oui	**Yes.** [jes]
Non	**No.** [nəʊ]
Je ne sais pas.	**I don't know.** [aɪ dəʊnt nəʊ]
Où?	Où?	Quand?	**Where?	Where to?	When?** [weə?	weə tuː?	wen?]

J'ai besoin de ...	**I need ...** [aɪ niːd ...]
Je veux ...	**I want ...** [aɪ wɒnt ...]
Avez-vous ... ?	**Do you have ...?** [də ju hɛv ...?]
Est-ce qu'il y a ... ici?	**Is there a ... here?** [ɪz ðər ə ... hɪə?]
Puis-je ... ?	**May I ...?** [meɪ aɪ ...?]
s'il vous plaît (pour une demande)	**..., please** [..., pliːz]

Je cherche ...	**I'm looking for ...** [aɪm 'lʊkɪŋ fə ...]
les toilettes	**restroom** ['restruːm]
un distributeur	**ATM** [eɪtiː'em]
une pharmacie	**pharmacy, drugstore** ['fɑːməsi, 'drʌgstɔː]
l'hôpital	**hospital** ['hɒspɪtl]
le commissariat de police	**police station** [pə'liːs 'steɪʃn]
une station de métro	**subway** ['sʌbweɪ]

un taxi	**taxi** ['tæksi]
la gare	**train station** [treɪn 'steɪʃn]

Je m'appelle ...	**My name is ...** [maɪ 'neɪm ɪz ...]
Comment vous appelez-vous?	**What's your name?** [wɒts jɔː 'neɪm?]
Aidez-moi, s'il vous plaît.	**Could you please help me?** [kəd ju pliːz help miː?]
J'ai un problème.	**I've got a problem.** [av gɒt ə 'prɒbləm]
Je ne me sens pas bien.	**I don't feel well.** [aɪ dəʊnt fiːl wel]
Appelez une ambulance!	**Call an ambulance!** [kɔːl ən 'æmbjələns!]
Puis-je faire un appel?	**May I make a call?** [meɪ aɪ 'meɪk ə kɔːl?]

Excusez-moi.	**I'm sorry.** [aɪm 'sɒri]
Je vous en prie.	**You're welcome.** [jʊə 'welkəm]

je, moi	**I, me** [aɪ, mi]
tu, toi	**you** [ju]
il	**he** [hi]
elle	**she** [ʃi]
ils	**they** [ðeɪ]
elles	**they** [ðeɪ]
nous	**we** [wi]
vous	**you** [ju]
Vous	**you** [ju]

ENTRÉE	**ENTRANCE** ['entrɑːns]
SORTIE	**EXIT** ['eksɪt]
HORS SERVICE | EN PANNE	**OUT OF ORDER** [aʊt əv 'ɔːdə]
FERMÉ	**CLOSED** [kləʊzd]

OUVERT

OPEN
['əʊpən]

POUR LES FEMMES

FOR WOMEN
[fə 'wɪmɪn]

POUR LES HOMMES

FOR MEN
[fə men]

DICTIONNAIRE CONCIS

Cette section contient plus
de 1500 mots les plus utilisés.
Le dictionnaire inclut beaucoup
de termes gastronomiques
et peut être utile lorsque
vous faites le marché
ou commandez des plats
au restaurant

T&P Books Publishing

CONTENU DU DICTIONNAIRE

T&P Books Publishing

T&P Books Publishing

temps (m)	time	[taɪm]
heure (f)	hour	['aʊə(r)]
demi-heure (f)	half an hour	[ˌhɑːf ən 'aʊə(r)]
minute (f)	minute	['mɪnɪt]
seconde (f)	second	['sekənd]
aujourd'hui (adv)	today	[tə'deɪ]
demain (adv)	tomorrow	[tə'mɒrəʊ]
hier (adv)	yesterday	['jestədɪ]
lundi (m)	Monday	['mʌndɪ]
mardi (m)	Tuesday	['tjuːzdɪ]
mercredi (m)	Wednesday	['wenzdɪ]
jeudi (m)	Thursday	['θɜːzdɪ]
vendredi (m)	Friday	['fraɪdɪ]
samedi (m)	Saturday	['sætədɪ]
dimanche (m)	Sunday	['sʌndɪ]
jour (m)	day	[deɪ]
jour (m) ouvrable	working day	['wɜːkɪŋ deɪ]
jour (m) férié	public holiday	['pʌblɪk 'hɒlɪdeɪ]
week-end (m)	weekend	[ˌwiːk'end]
semaine (f)	week	[wiːk]
la semaine dernière	last week	[ˌlɑːst 'wiːk]
la semaine prochaine	next week	[ˌnekst 'wiːk]
lever (m) du soleil	sunrise	['sʌnraɪz]
coucher (m) du soleil	sunset	['sʌnset]
le matin	in the morning	[ɪn ðə 'mɔːnɪŋ]
dans l'après-midi	in the afternoon	[ɪn ðə ˌɑːftə'nuːn]
le soir	in the evening	[ɪn ðɪ 'iːvnɪŋ]
ce soir	tonight	[tə'naɪt]
la nuit	at night	[ət naɪt]
minuit (f)	midnight	['mɪdnaɪt]
janvier (m)	January	['dʒænjʊərɪ]
février (m)	February	['febrʊərɪ]
mars (m)	March	[mɑːtʃ]
avril (m)	April	['eɪprəl]
mai (m)	May	[meɪ]
juin (m)	June	[dʒuːn]
juillet (m)	July	[dʒuː'laɪ]
août (m)	August	['ɔːgəst]

septembre (m)	**September**	[sep'tembə(r)]
octobre (m)	**October**	[ɒk'təʊbə(r)]
novembre (m)	**November**	[nəʊ'vembə(r)]
décembre (m)	**December**	[dɪ'sembə(r)]

au printemps	**in (the) spring**	[ɪn (ðə) sprɪŋ]
en été	**in (the) summer**	[ɪn (ðə) 'sʌmə(r)]
en automne	**in (the) fall**	[ɪn (ðə) fɔːl]
en hiver	**in (the) winter**	[ɪn (ðə) 'wɪntə(r)]

mois (m)	**month**	[mʌnθ]
saison (f)	**season**	['siːzən]
année (f)	**year**	[jɪə(r)]

2. Nombres. Adjectifs numéraux

chiffre (m)	**figure**	['fɪgjə]
nombre (m)	**number**	['nʌmbə(r)]
moins (m)	**minus sign**	['maɪnəs saɪn]
plus (m)	**plus sign**	[plʌs saɪn]
somme (f)	**sum, total**	[sʌm], ['təʊtəl]

premier (adj)	**first**	[fɜːst]
deuxième (adj)	**second**	['sekənd]
troisième (adj)	**third**	[θɜːd]

zéro	**zero**	['zɪərəʊ]
un	**one**	[wʌn]
deux	**two**	[tuː]
trois	**three**	[θriː]
quatre	**four**	[fɔː(r)]

cinq	**five**	[faɪv]
six	**six**	[sɪks]
sept	**seven**	['sevən]
huit	**eight**	[eɪt]
neuf	**nine**	[naɪn]
dix	**ten**	[ten]

onze	**eleven**	[ɪ'levən]
douze	**twelve**	[twelv]
treize	**thirteen**	[ˌθɜː'tiːn]
quatorze	**fourteen**	[ˌfɔː'tiːn]
quinze	**fifteen**	[fɪf'tiːn]

seize	**sixteen**	[sɪks'tiːn]
dix-sept	**seventeen**	[ˌsevən'tiːn]
dix-huit	**eighteen**	[ˌeɪ'tiːn]
dix-neuf	**nineteen**	[ˌnaɪn'tiːn]
vingt	**twenty**	['twentɪ]

trente	thirty	['θɜːtɪ]
quarante	forty	['fɔːtɪ]
cinquante	fifty	['fɪftɪ]

soixante	sixty	['sɪkstɪ]
soixante-dix	seventy	['sevəntɪ]
quatre-vingts	eighty	['eɪtɪ]
quatre-vingt-dix	ninety	['naɪntɪ]
cent	one hundred	[ˌwʌn 'hʌndrəd]
deux cents	two hundred	[tu 'hʌndrəd]
trois cents	three hundred	[θri: 'hʌndrəd]
quatre cents	four hundred	[ˌfɔː 'hʌndrəd]
cinq cents	five hundred	[ˌfaɪv 'hʌndrəd]

six cents	six hundred	[sɪks 'hʌndrəd]
sept cents	seven hundred	['sevən 'hʌndrəd]
huit cents	eight hundred	[eɪt 'hʌndrəd]
neuf cents	nine hundred	[ˌnaɪn 'hʌndrəd]
mille	one thousand	[ˌwʌn 'θaʊzənd]

dix mille	ten thousand	[ten 'θaʊzənd]
cent mille	one hundred thousand	[ˌwʌn 'hʌndrəd 'θaʊzənd]
million (m)	million	['mɪljən]
milliard (m)	billion	['bɪljən]

3. L'être humain. La famille

homme (m)	man	[mæn]
jeune homme (m)	young man	[jʌŋ mæn]
femme (f)	woman	['wʊmən]
jeune fille (f)	girl, young woman	[gɜːl], [jʌŋ 'wʊmən]

âge (m)	age	[eɪdʒ]
adulte (m)	adult	[æd'ʌlt]
d'âge moyen (adj)	middle-aged	[ˌmɪdl 'eɪdʒd]
âgé (adj)	elderly	['eldəlɪ]
vieux (adj)	old	[əʊld]

vieillard (m)	old man	['əʊld ˌmæn]
vieille femme (f)	old woman	['əʊld ˌwʊmən]
prendre sa retraite	to retire (vi)	[tə rɪ'taɪə(r)]
retraité (m)	retiree	[ˌrɪtaɪə'ri:]

mère (f)	mother	['mʌðə(r)]
père (m)	father	['fɑːðə(r)]
fils (m)	son	[sʌn]
fille (f)	daughter	['dɔːtə(r)]
frère (m)	brother	['brʌðə(r)]
sœur (f)	sister	['sɪstə(r)]
parents (m pl)	parents	['peərənts]

enfant (m, f)	child	[tʃaɪld]
enfants (pl)	children	['tʃɪldrən]
belle-mère (f)	stepmother	['step,mʌðə(r)]
beau-père (m)	stepfather	['step,fɑːðə(r)]

grand-mère (f)	grandmother	['græn,mʌðə(r)]
grand-père (m)	grandfather	['grænd,fɑːðə(r)]
petit-fils (m)	grandson	['grænsʌn]
petite-fille (f)	granddaughter	['græn,dɔːtə(r)]
petits-enfants (pl)	grandchildren	['græn,tʃɪldrən]

oncle (m)	uncle	['ʌŋkəl]
tante (f)	aunt	[ɑːnt]
neveu (m)	nephew	['nefjuː]
nièce (f)	niece	[niːs]

femme (f)	wife	[waɪf]
mari (m)	husband	['hʌzbənd]
marié (adj)	married	['mærɪd]
mariée (adj)	married	['mærɪd]
veuve (f)	widow	['wɪdəʊ]
veuf (m)	widower	['wɪdəʊə(r)]

| prénom (m) | name, first name | [neɪm], ['fɜːst,neɪm] |
| nom (m) de famille | surname, last name | ['sɜːneɪm], [lɑːst neɪm] |

parent (m)	relative	['relətɪv]
ami (m)	friend	[frend]
amitié (f)	friendship	['frendʃɪp]

partenaire (m)	partner	['pɑːtnə(r)]
supérieur (m)	boss, superior	[bɒs], [suːˈpɪərɪə(r)]
collègue (m, f)	colleague	['kɒliːg]
voisins (m pl)	neighbors	['neɪbəz]

4. Le corps humain. L'anatomie

organisme (m)	organism	['ɔːgənɪzəm]
corps (m)	body	['bɒdɪ]
cœur (m)	heart	[hɑːt]
sang (m)	blood	[blʌd]
cerveau (m)	brain	[breɪn]
nerf (m)	nerve	[nɜːv]

os (m)	bone	[bəʊn]
squelette (f)	skeleton	['skelɪtən]
colonne (f) vertébrale	spine, backbone	[spaɪn], ['bækbəʊn]
côte (f)	rib	[rɪb]
crâne (m)	skull	[skʌl]
muscle (m)	muscle	['mʌsəl]

| poumons (m pl) | lungs | [lʌŋz] |
| peau (f) | skin | [skɪn] |

tête (f)	head	[hed]
visage (m)	face	[feɪs]
nez (m)	nose	[nəʊz]
front (m)	forehead	['fɔ:hed]
joue (f)	cheek	[tʃi:k]
bouche (f)	mouth	[maʊθ]
langue (f)	tongue	[tʌŋ]
dent (f)	tooth	[tu:θ]
lèvres (f pl)	lips	[lɪps]
menton (m)	chin	[tʃɪn]

oreille (f)	ear	[ɪə(r)]
cou (m)	neck	[nek]
gorge (f)	throat	[θrəʊt]

œil (m)	eye	[aɪ]
pupille (f)	pupil	['pju:pəl]
sourcil (m)	eyebrow	['aɪbraʊ]
cil (m)	eyelash	['aɪlæʃ]

cheveux (m pl)	hair	[heə(r)]
coiffure (f)	hairstyle	['heəstaɪl]
moustache (f)	mustache	['mʌstæʃ]
barbe (f)	beard	[bɪəd]
porter (~ la barbe)	to have (vt)	[tə hæv]
chauve (adj)	bald	[bɔ:ld]

main (f)	hand	[hænd]
bras (m)	arm	[ɑ:m]
doigt (m)	finger	['fɪŋgə(r)]
ongle (m)	nail	[neɪl]
paume (f)	palm	[pɑ:m]

épaule (f)	shoulder	['ʃəʊldə(r)]
jambe (f)	leg	[leg]
pied (m)	foot	[fʊt]
genou (m)	knee	[ni:]
talon (m)	heel	[hi:l]

dos (m)	back	[bæk]
taille (f) (~ de guêpe)	waist	[weɪst]
grain (m) de beauté	beauty mark	['bju:tɪ mɑ:k]

5. Les maladies. Les médicaments

| santé (f) | health | [helθ] |
| en bonne santé | well | [wel] |

maladie (f)	sickness	['sɪknɪs]
être malade	to be sick	[tə bi 'sɪk]
malade (adj)	ill, sick	[ɪl], [sɪk]

refroidissement (m)	cold	[kəʊld]
prendre froid	to catch a cold	[tə kætʃ ə 'kəʊld]
angine (f)	tonsillitis	[ˌtɒnsɪ'laɪtɪs]
pneumonie (f)	pneumonia	[nju:'məʊnɪə]
grippe (f)	flu	[flu:]

rhume (m) (coryza)	runny nose	[ˌrʌnɪ 'nəʊz]
toux (f)	cough	[kɒf]
tousser (vi)	to cough (vi)	[tə kɒf]
éternuer (vi)	to sneeze (vi)	[tə sni:z]

insulte (f)	stroke	[strəʊk]
crise (f) cardiaque	heart attack	['hɑ:t əˌtæk]
allergie (f)	allergy	['ælədʒɪ]
asthme (m)	asthma	['æsmə]
diabète (m)	diabetes	[ˌdaɪə'bi:ti:z]

tumeur (f)	tumor	['tju:mə(r)]
cancer (m)	cancer	['kænsə(r)]
alcoolisme (m)	alcoholism	['ælkəhɒlɪzəm]
SIDA (m)	AIDS	[eɪdz]
fièvre (f)	fever	['fi:və(r)]
mal (m) de mer	seasickness	['si:sɪknɪs]

bleu (m)	bruise	[bru:z]
bosse (f)	bump	[bʌmp]
boiter (vi)	to limp (vi)	[tə lɪmp]
foulure (f)	dislocation	[ˌdɪslə'keɪʃən]
se démettre (l'épaule, etc.)	to dislocate (vt)	[tə 'dɪsləkeɪt]

fracture (f)	fracture	['fræktʃə(r)]
brûlure (f)	burn	[bɜ:n]
blessure (f)	injury	['ɪndʒərɪ]
douleur (f)	pain	[peɪn]
mal (m) de dents	toothache	['tu:θeɪk]

suer (vi)	to sweat (vi)	[tə swet]
sourd (adj)	deaf	[def]
muet (adj)	mute	[mju:t]

immunité (f)	immunity	[ɪ'mju:nətɪ]
virus (m)	virus	['vaɪrəs]
microbe (m)	microbe	['maɪkrəʊb]
bactérie (f)	bacterium	[bæk'tɪərɪəm]
infection (f)	infection	[ɪn'fekʃən]

| hôpital (m) | hospital | ['hɒspɪtəl] |
| cure (f) (faire une ~) | cure | [kjʊə] |

vacciner (vt)	to vaccinate (vt)	[tə 'væksıneıt]
être dans le coma	to be in a coma	[tə bi ın ə 'kəʊmə]
réanimation (f)	intensive care	[ın'tensıv ˌkeə(r)]
symptôme (m)	symptom	['sımptəm]
pouls (m)	pulse	[pʌls]

6. Les sensations. Les émotions. La communication

je	I, me	[aı], [mi:]
tu	you	[ju:]
il	he	[hi:]
elle	she	[ʃi:]
ça	it	[ıt]

nous	we	[wi:]
vous	you	[ju:]
ils, elles	they	[ðeı]

Bonjour! (fam.)	Hello!	[hə'ləʊ]
Bonjour! (form.)	Hello!	[hə'ləʊ]
Bonjour! (le matin)	Good morning!	[gʊd 'mɔ:nıŋ]
Bonjour! (après-midi)	Good afternoon!	[gʊd ˌɑ:ftə'nu:n]
Bonsoir!	Good evening!	[gʊd 'i:vnıŋ]

dire bonjour	to say hello	[tə seı hə'ləʊ]
saluer (vt)	to greet (vt)	[tə gri:t]
Comment ça va?	How are you?	[ˌhaʊ ə 'ju:]
Au revoir!	Bye-Bye! Goodbye!	[baı-baı], [gʊd'baı]
Merci!	Thank you!	['θæŋk ju:]

sentiments (m pl)	feelings	['fi:lıŋz]
avoir faim	to be hungry	[tə bi 'hʌŋgrı]
avoir soif	to be thirsty	[tə bi 'θɜ:stı]
fatigué (adj)	tired	['taıəd]

s'inquiéter (vp)	to be worried	[tə bi 'wʌrıd]
s'énerver (vp)	to be nervous	[tə bi 'nɜ:vəs]
espoir (m)	hope	[həʊp]
espérer (vi)	to hope (vi, vt)	[tə həʊp]

caractère (m)	character	['kærəktə(r)]
modeste (adj)	modest	['mɒdıst]
paresseux (adj)	lazy	['leızı]
généreux (adj)	generous	['dʒenərəs]
doué (adj)	talented	['tæləntıd]

honnête (adj)	honest	['ɒnıst]
sérieux (adj)	serious	['sıərıəs]
timide (adj)	shy, timid	[ʃaı], ['tımıd]
sincère (adj)	sincere	[sın'sıə(r)]

peureux (m)	coward	['kaʊəd]
dormir (vi)	to sleep (vi)	[tə sliːp]
rêve (m)	dream	[driːm]
lit (m)	bed	[bed]
oreiller (m)	pillow	['pɪləʊ]
insomnie (f)	insomnia	[ɪn'sɒmnɪə]
aller se coucher	to go to bed	[tə gəʊ tə bed]
cauchemar (m)	nightmare	['naɪtmeə(r)]
réveil (m)	alarm clock	[ə'lɑːm klɒk]
sourire (m)	smile	[smaɪl]
sourire (vi)	to smile (vi)	[tə smaɪl]
rire (vi)	to laugh (vi)	[tə lɑːf]
dispute (f)	quarrel	['kwɒrəl]
insulte (f)	insult	['ɪnsʌlt]
offense (f)	resentment	[rɪ'zentmənt]
fâché (adj)	angry	['æŋgrɪ]

7. Les vêtements. Les accessoires personnels

vêtement (m)	clothes	[kləʊðz]
manteau (m)	coat, overcoat	[kəʊt], ['əʊvəkəʊt]
manteau (m) de fourrure	fur coat	['fɜː.kəʊt]
veste (f) (~ en cuir)	jacket	['dʒækɪt]
imperméable (m)	raincoat	['reɪnkəʊt]
chemise (f)	shirt	[ʃɜːt]
pantalon (m)	pants	[pænts]
veston (m)	jacket	['dʒækɪt]
complet (m)	suit	[suːt]
robe (f)	dress	[dres]
jupe (f)	skirt	[skɜːt]
tee-shirt (m)	T-shirt	['tiː.ʃɜːt]
peignoir (m) de bain	bathrobe	['bɑː.θrəʊb]
pyjama (m)	pajamas	[pə'dʒɑːməz]
tenue (f) de travail	workwear	[wɜːkweə(r)]
sous-vêtements (m pl)	underwear	['ʌndəweə(r)]
chaussettes (f pl)	socks	[sɒks]
soutien-gorge (m)	bra	[brɑː]
collants (m pl)	pantyhose	['pæntɪhəʊz]
bas (m pl)	stockings	['stɒkɪŋz]
maillot (m) de bain	bathing suit	['beɪðɪŋ suːt]
chapeau (m)	hat	[hæt]
chaussures (f pl)	footwear	['fʊtweə(r)]
bottes (f pl)	boots	[buːts]
talon (m)	heel	[hiːl]

| lacet (m) | shoestring | ['ʃuːstrɪŋ] |
| cirage (m) | shoe polish | [ʃuː 'pɒlɪʃ] |

coton (m)	cotton	['kɒtən]
laine (f)	wool	[wʊl]
fourrure (f)	fur	[fɜː(r)]

gants (m pl)	gloves	[glʌvz]
moufles (f pl)	mittens	['mɪtənz]
écharpe (f)	scarf	[skɑːf]
lunettes (f pl)	glasses	[glɑːsɪz]
parapluie (m)	umbrella	[ʌm'brelə]

cravate (f)	tie	[taɪ]
mouchoir (m)	handkerchief	['hæŋkətʃɪf]
peigne (m)	comb	[kəʊm]
brosse (f) à cheveux	hairbrush	['heəbrʌʃ]
boucle (f)	buckle	['bʌkəl]
ceinture (f)	belt	[belt]
sac (m) à main	purse	[pɜːs]

col (m)	collar	['kɒlə(r)]
poche (f)	pocket	['pɒkɪt]
manche (f)	sleeve	[sliːv]
braguette (f)	fly	[flaɪ]

fermeture (f) à glissière	zipper	['zɪpə(r)]
bouton (m)	button	['bʌtən]
se salir (vp)	to get dirty (vi)	[tə get 'dɜːtɪ]
tache (f)	stain	[steɪn]

8. La ville. Les établissements publics

magasin (m)	store	[stɔː(r)]
centre (m) commercial	shopping mall	['ʃɒpɪŋ mɔːl]
supermarché (m)	supermarket	['suːpəˌmɑːkɪt]
magasin (m) de chaussures	shoe store	['ʃuː stɔː(r)]
librairie (f)	bookstore	['bʊkstɔː(r)]

pharmacie (f)	drugstore, pharmacy	['drʌgstɔː(r)], ['fɑːməsɪ]
boulangerie (f)	bakery	['beɪkərɪ]
pâtisserie (f)	candy store	['kændɪ stɔː(r)]
épicerie (f)	grocery store	['grəʊsərɪ stɔː(r)]
boucherie (f)	butcher shop	['bʊtʃəʃɒp]
magasin (m) de légumes	produce store	['prɒdjuːs stɔː]
marché (m)	market	['mɑːkɪt]

salon (m) de coiffure	hair salon	['heə 'sælɒn]
poste (f)	post office	[pəʊst 'ɒfɪs]
pressing (m)	dry cleaners	[ˌdraɪ 'kliːnəz]

cirque (m)	circus	['sɜ:kəs]
zoo (m)	zoo	[zu:]
théâtre (m)	theater	['θɪətə(r)]
cinéma (m)	movie theater	['mu:vɪ 'θɪətə(r)]
musée (m)	museum	[mju:'zi:əm]
bibliothèque (f)	library	['laɪbrərɪ]
mosquée (f)	mosque	[mɒsk]
synagogue (f)	synagogue	['sɪnəgɒg]
cathédrale (f)	cathedral	[kə'θi:drəl]
temple (m)	temple	['tempəl]
église (f)	church	[tʃɜ:tʃ]
institut (m)	college	['kɒlɪdʒ]
université (f)	university	[ju:nɪ'vɜ:sətɪ]
école (f)	school	[sku:l]
hôtel (m)	hotel	[həʊ'tel]
banque (f)	bank	[bæŋk]
ambassade (f)	embassy	['embəsɪ]
agence (f) de voyages	travel agency	['trævəl 'eɪdʒənsɪ]
métro (m)	subway	['sʌbweɪ]
hôpital (m)	hospital	['hɒspɪtəl]
station-service (f)	gas station	[gæs 'steɪʃən]
parking (m)	parking lot	['pɑ:kɪŋ lɒt]
ENTRÉE	ENTRANCE	['entrəns]
SORTIE	EXIT	['eksɪt]
POUSSER	PUSH	[pʊʃ]
TIRER	PULL	[pʊl]
OUVERT	OPEN	['əʊpən]
FERMÉ	CLOSED	[kləʊzd]
monument (m)	monument	['mɒnjʊmənt]
forteresse (f)	fortress	['fɔ:trɪs]
palais (m)	palace	['pælɪs]
médiéval (adj)	medieval	[ˌmedɪ'i:vəl]
ancien (adj)	ancient	['eɪnʃənt]
national (adj)	national	['næʃənəl]
connu (adj)	well-known	[wel'nəʊn]

9. L'argent. Les finances

argent (m)	money	['mʌnɪ]
monnaie (f)	coin	[kɔɪn]
dollar (m)	dollar	['dɒlə(r)]
euro (m)	euro	['jʊərəʊ]
distributeur (m)	ATM	[ˌeɪti:'em]

bureau (m) de change	currency exchange	[ˈkʌrənsɪ ɪksˈtʃeɪndʒ]
cours (m) de change	exchange rate	[ɪksˈtʃeɪndʒ reɪt]
espèces (f pl)	cash	[kæʃ]
Combien?	How much?	[ˌhaʊ ˈmʌtʃ]
payer (régler)	to pay (vi, vt)	[tə peɪ]
paiement (m)	payment	[ˈpeɪmənt]
monnaie (f) (rendre la ~)	change	[tʃeɪndʒ]
prix (m)	price	[praɪs]
rabais (m)	discount	[ˈdɪskaʊnt]
bon marché (adj)	cheap	[tʃiːp]
cher (adj)	expensive	[ɪkˈspensɪv]
banque (f)	bank	[bæŋk]
compte (m)	account	[əˈkaʊnt]
carte (f) de crédit	credit card	[ˈkredɪt kɑːd]
chèque (m)	check	[tʃek]
faire un chèque	to write a check	[tə ˌraɪt ə ˈtʃek]
chéquier (m)	checkbook	[ˈtʃekˌbʊk]
dette (f)	debt	[det]
débiteur (m)	debtor	[ˈdetə(r)]
prêter (vt)	to lend (vt)	[tə lend]
emprunter (vt)	to borrow (vt)	[tə ˈbɒrəʊ]
louer (une voiture, etc.)	to rent (vt)	[tə rent]
à crédit (adv)	on credit	[ɒn ˈkredɪt]
portefeuille (m)	wallet	[ˈwɒlɪt]
coffre fort (m)	safe	[seɪf]
héritage (m)	inheritance	[ɪnˈherɪtəns]
fortune (f)	fortune	[ˈfɔːtʃuːn]
impôt (m)	tax	[tæks]
amende (f)	fine	[faɪn]
mettre une amende	to fine (vt)	[tə faɪn]
en gros (adj)	wholesale	[ˈhəʊlseɪl]
au détail (adj)	retail	[ˈriːteɪl]
assurer (vt)	to insure (vt)	[tu ɪnˈʃuə:(r)]
assurance (f)	insurance	[ɪnˈʃuə:rəns]
capital (m)	capital	[ˈkæpɪtəl]
chiffre (m) d'affaires	turnover	[ˈtɜːnˌəʊvə(r)]
action (f)	stock, share	[stɒk], [ʃeə(r)]
profit (m)	profit	[ˈprɒfɪt]
profitable (adj)	profitable	[ˈprɒfɪtəbəl]
crise (f)	crisis	[ˈkraɪsɪs]
faillite (f)	bankruptcy	[ˈbæŋkrʌptsɪ]
faire faillite	to go bankrupt	[tə gəʊ ˈbæŋkrʌpt]
comptable (m)	accountant	[əˈkaʊntənt]
salaire (m)	salary	[ˈsælərɪ]
prime (f)	bonus	[ˈbəʊnəs]

10. Les transports

autobus (m)	bus	[bʌs]
tramway (m)	streetcar	['striːtkɑː(r)]
trolleybus (m)	trolley bus	['trɒlɪbʌs]
prendre …	to go by …	[tə gəʊ baɪ]
monter (dans l'autobus)	to get on	[tə get ɒn]
descendre de …	to get off …	[tə get ɒf]
arrêt (m)	stop	[stɒp]
terminus (m)	terminus	['tɜːmɪnəs]
horaire (m)	schedule	['skedʒʊl]
ticket (m)	ticket	['tɪkɪt]
être en retard	to be late	[tə bi 'leɪt]
taxi (m)	taxi, cab	['tæksɪ], [kæb]
en taxi	by taxi	[baɪ 'tæksɪ]
arrêt (m) de taxi	taxi stand	['tæksɪ stænd]
trafic (m)	traffic	['træfɪk]
heures (f pl) de pointe	rush hour	['rʌʃ ˌaʊə(r)]
se garer (vp)	to park (vi)	[tə pɑːk]
métro (m)	subway	['sʌbweɪ]
station (f)	station	['steɪʃən]
train (m)	train	[treɪn]
gare (f)	train station	[treɪn 'steɪʃən]
rails (m pl)	rails	[reɪlz]
compartiment (m)	compartment	[kəm'pɑːtmənt]
couchette (f)	berth	[bɜːθ]
avion (m)	airplane	['eəpleɪn]
billet (m) d'avion	air ticket	['eə 'tɪkɪt]
compagnie (f) aérienne	airline	['eəlaɪn]
aéroport (m)	airport	['eəpɔːt]
vol (m) (~ d'oiseau)	flight	[flaɪt]
bagage (m)	luggage	['lʌgɪdʒ]
chariot (m)	luggage cart	['lʌgɪdʒ kɑːt]
bateau (m)	ship	[ʃɪp]
bateau (m) de croisière	cruise ship	[kruːz ʃɪp]
yacht (m)	yacht	[jɒt]
canot (m) à rames	boat	[bəʊt]
capitaine (m)	captain	['kæptɪn]
cabine (f)	cabin	['kæbɪn]
port (m)	port	[pɔːt]
vélo (m)	bicycle	['baɪsɪkəl]
scooter (m)	scooter	['skuːtə(r)]

moto (f)	motorcycle, bike	['məʊtəˌsaɪkəl], [baɪk]
pédale (f)	pedal	['pedəl]
pompe (f)	pump	[pʌmp]
roue (f)	wheel	[wi:l]

automobile (f)	automobile, car	['ɔ:təməbi:l], [kɑ:(r)]
ambulance (f)	ambulance	['æmbjʊləns]
camion (m)	truck	[trʌk]
d'occasion (adj)	used	[ju:zd]
accident (m) de voiture	car crash	[kɑ:r kræʃ]
réparation (f)	repair	[rɪ'peə(r)]

11. Les produits alimentaires. Partie 1

viande (f)	meat	[mi:t]
poulet (m)	chicken	['tʃɪkɪn]
canard (m)	duck	[dʌk]

du porc	pork	[pɔ:k]
du veau	veal	[vi:l]
du mouton	lamb	[læm]
du bœuf	beef	[bi:f]

saucisson (m)	sausage	['sɒsɪdʒ]
œuf (m)	egg	[eg]
poisson (m)	fish	[fɪʃ]
fromage (m)	cheese	[tʃi:z]
sucre (m)	sugar	['ʃʊgə(r)]
sel (m)	salt	[sɔ:lt]

riz (m)	rice	[raɪs]
pâtes (m pl)	pasta	['pæstə]
beurre (m)	butter	['bʌtə(r)]
huile (f) végétale	vegetable oil	['vedʒtəbəl ɔɪl]
pain (m)	bread	[bred]
chocolat (m)	chocolate	['tʃɒkələt]

vin (m)	wine	[waɪn]
café (m)	coffee	['kɒfɪ]
lait (m)	milk	[mɪlk]
jus (m)	juice	[dʒu:s]
bière (f)	beer	[bɪə(r)]
thé (m)	tea	[ti:]

tomate (f)	tomato	[tə'meɪtəʊ]
concombre (m)	cucumber	['kju:kʌmbə(r)]
carotte (f)	carrot	['kærət]
pomme (f) de terre	potato	[pə'teɪtəʊ]
oignon (m)	onion	['ʌnjən]
ail (m)	garlic	['gɑ:lɪk]

chou (m)	cabbage	['kæbɪdʒ]
betterave (f)	beetroot	['bi:tru:t]
aubergine (f)	eggplant	['egplɑ:nt]
fenouil (m)	dill	[dɪl]
laitue (f) (salade)	lettuce	['letɪs]
maïs (m)	corn	[kɔ:n]

fruit (m)	fruit	[fru:t]
pomme (f)	apple	['æpəl]
poire (f)	pear	[peə(r)]
citron (m)	lemon	['lemən]
orange (f)	orange	['ɒrɪndʒ]
fraise (f)	strawberry	['strɔ:berɪ]

prune (f)	plum	[plʌm]
framboise (f)	raspberry	['rɑ:zberɪ]
ananas (m)	pineapple	['paɪnˌæpəl]
banane (f)	banana	[bə'nɑ:nə]
pastèque (f)	watermelon	['wɔ:təˌmelən]
raisin (m)	grape	[greɪp]
melon (m)	melon	['melən]

12. Les produits alimentaires. Partie 2

cuisine (f)	cuisine	[kwɪ'zi:n]
recette (f)	recipe	['resɪpɪ]
nourriture (f)	food	[fu:d]

prendre le petit déjeuner	to have breakfast	[tə hæv 'brekfəst]
déjeuner (vi)	to have lunch	[tə hæv lʌntʃ]
dîner (vi)	to have dinner	[tə hæv 'dɪnə(r)]

goût (m)	taste, flavor	[teɪst], ['fleɪvə(r)]
bon (savoureux)	tasty	['teɪstɪ]
froid (adj)	cold	[keʊld]
chaud (adj)	hot	[hɒt]
sucré (adj)	sweet	[swi:t]
salé (adj)	salty	['sɔ:ltɪ]

sandwich (m)	sandwich	['sænwɪdʒ]
garniture (f)	side dish	[saɪd dɪʃ]
garniture (f)	filling	['fɪlɪŋ]
sauce (f)	sauce	[sɔ:s]
morceau (m)	piece	[pi:s]

régime (m)	diet	['daɪət]
vitamine (f)	vitamin	['vaɪtəmɪn]
calorie (f)	calorie	['kælərɪ]
végétarien (m)	vegetarian	[ˌvedʒɪ'teərɪən]
restaurant (m)	restaurant	['restrɒnt]

salon (m) de café	coffee house	['kɒfɪ ˌhaʊs]
appétit (m)	appetite	['æpɪtaɪt]
Bon appétit!	Enjoy your meal!	[ɪn'dʒɔɪ jɔː ˌmiːl]

serveur (m)	waiter	['weɪtə(r)]
serveuse (f)	waitress	['weɪtrɪs]
barman (m)	bartender	['bɑːrˌtendə(r)]
carte (f)	menu	['menjuː]

cuillère (f)	spoon	[spuːn]
couteau (m)	knife	[naɪf]
fourchette (f)	fork	[fɔːk]
tasse (f)	cup	[kʌp]

assiette (f)	plate	[pleɪt]
soucoupe (f)	saucer	['sɔːsə(r)]
serviette (f)	napkin	['næpkɪn]
cure-dent (m)	toothpick	['tuːθpɪk]

commander (vt)	to order (vi, vt)	[tə 'ɔːdə(r)]
plat (m)	course, dish	[kɔːs], [dɪʃ]
portion (f)	portion	['pɔːʃen]
hors-d'œuvre (m)	appetizer	['æpɪtaɪzə(r)]
salade (f)	salad	['sæləd]
soupe (f)	soup	[suːp]

dessert (m)	dessert	[dɪ'zɜːt]
confiture (f)	jam	[dʒæm]
glace (f)	ice-cream	[aɪs kriːm]
addition (f)	check	[tʃek]
régler l'addition	to pay the check	[tə peɪ ðə tʃek]
pourboire (m)	tip	[tɪp]

13. La maison. L'appartement. Partie 1

maison (f)	house	[haʊs]
maison (f) de campagne	country house	['kʌntrɪ haʊs]
villa (f)	villa	['vɪlə]

étage (m)	floor, story	[flɔː(r)], ['stɔːrɪ]
entrée (f)	entrance	['entrəns]
mur (m)	wall	[wɔːl]
toit (m)	roof	[ruːf]
cheminée (f)	chimney	['tʃɪmnɪ]
grenier (m)	attic	['ætɪk]

fenêtre (f)	window	['wɪndəʊ]
rebord (m)	window ledge	['wɪndəʊ ledʒ]
balcon (m)	balcony	['bælkənɪ]
escalier (m)	stairs	[steəz]

boîte (f) à lettres	mailbox	['meɪlbɒks]
poubelle (f) d'extérieur	garbage can	['gɑːbɪdʒ kæn]
ascenseur (m)	elevator	['elɪveɪtə(r)]

électricité (f)	electricity	[ˌɪlek'trɪsətɪ]
ampoule (f)	light bulb	['laɪt ˌbʌlb]
interrupteur (m)	switch	[swɪtʃ]
prise (f)	wall socket	[wɔːl 'sɒkɪt]
fusible (m)	fuze, fuse	[fjuːz]

porte (f)	door	[dɔː(r)]
poignée (f)	handle	['hændəl]
clé (f)	key	[kiː]
paillasson (m)	doormat	['dɔːmæt]

serrure (f)	lock	[lɒk]
sonnette (f)	doorbell	['dɔːbel]
coups (m pl) à la porte	knock	[nɒk]
frapper (~ à la porte)	to knock (vi)	[tə nɒk]
judas (m)	peephole	['piːphəʊl]

cour (f)	yard	[jɑːd]
jardin (m)	garden	['gɑːdən]
piscine (f)	swimming pool	['swɪmɪŋ puːl]
salle (f) de gym	gym	[dʒɪm]
court (m) de tennis	tennis court	['tenɪs kɔːt]
garage (m)	garage	[gə'rɑːʒ]

propriété (f) privée	private property	['praɪvɪt 'prɒpətɪ]
panneau d'avertissement	warning sign	['wɔːnɪŋ saɪn]
sécurité (f)	security	[sɪ'kjʊərətɪ]
agent (m) de sécurité	security guard	[sɪ'kjʊərətɪ gɑːd]

rénovation (f)	renovations	[ˌrenə'veɪʃənz]
faire la rénovation	to renovate (vt)	[tə 'renəveɪt]
remettre en ordre	to put in order	[tə pʊt ɪn 'ɔːdə(r)]
peindre (des murs)	to paint (vt)	[tə peɪnt]
papier (m) peint	wallpaper	['wɔːlˌpeɪpə(r)]
vernir (vt)	to varnish (vt)	[tə 'vɑːnɪʃ]
tuyau (m)	pipe	[paɪp]
outils (m pl)	tools	[tuːlz]
sous-sol (m)	basement	['beɪsmənt]
égouts (m pl)	sewerage	['sʊərɪdʒ]

14. La maison. L'appartement. Partie 2

appartement (m)	apartment	[ə'pɑːtmənt]
chambre (f)	room	[rʊːm]
chambre (f) à coucher	bedroom	['bedrʊm]
salle (f) à manger	dining room	['daɪnɪŋ rʊm]

salon (m)	living room	['lɪvɪŋ ru:m]
bureau (m)	study	['stʌdɪ]
antichambre (f)	entry room	['entrɪ ru:m]
salle (f) de bains	bathroom	['bɑ:θrʊm]
toilettes (f pl)	half bath	[hɑ:f bɑ:θ]

| plancher (m) | floor | [flɔ:(r)] |
| plafond (m) | ceiling | ['si:lɪŋ] |

essuyer la poussière	to dust (vt)	[tə dʌst]
aspirateur (m)	vacuum cleaner	['vækjʊəm 'kli:nə(r)]
passer l'aspirateur	to vacuum (vt)	[tə 'vækjʊəm]

balai (m) à franges	mop	[mɒp]
torchon (m)	dust cloth	[dʌst klɒθ]
balayette (f) de sorgho	broom	[bru:m]
pelle (f) à ordures	dustpan	['dʌstpæn]
meubles (m pl)	furniture	['fɜ:nɪtʃə(r)]
table (f)	table	['teɪbəl]
chaise (f)	chair	[tʃeə(r)]
fauteuil (m)	armchair	['ɑ:mtʃeə(r)]

bibliothèque (f) (meuble)	bookcase	['bʊkkeɪs]
rayon (m)	shelf	[ʃelf]
armoire (f)	wardrobe	['wɔ:drəʊb]

miroir (m)	mirror	['mɪrə(r)]
tapis (m)	carpet	['kɑ:pɪt]
cheminée (f)	fireplace	['faɪəpleɪs]
rideaux (m pl)	drapes	[dreɪps]
lampe (f) de table	table lamp	['teɪbəl læmp]
lustre (m)	chandelier	[ˌʃændə'lɪə(r)]

cuisine (f)	kitchen	['kɪtʃɪn]
cuisinière (f) à gaz	gas stove	['gæs stəʊv]
cuisinière (f) électrique	electric stove	[ɪ'lektrɪk stəʊv]
four (m) micro-ondes	microwave oven	['maɪkrəweɪv 'ʌvən]

réfrigérateur (m)	fridge	[frɪdʒ]
congélateur (m)	freezer	['fri:zə(r)]
lave-vaisselle (m)	dishwasher	['dɪʃˌwɒʃə(r)]
robinet (m)	faucet	['fɔ:sɪt]

hachoir (m) à viande	meat grinder	[mi:t 'graɪndə(r)]
centrifugeuse (f)	juicer	['dʒu:sə]
grille-pain (m)	toaster	['təʊstə(r)]
batteur (m)	mixer	['mɪksə(r)]

machine (f) à café	coffee machine	['kɒfɪ mə'ʃi:n]
bouilloire (f)	kettle	['ketəl]
théière (f)	teapot	['ti:pɒt]
téléviseur (m)	TV set	[ˌti:'vi: set]

magnétoscope (m)	video, VCR	['vɪdɪəʊ], [ˌviːsiːˈɑː(r)]
fer (m) à repasser	iron	['aɪrən]
téléphone (m)	telephone	['telɪfəʊn]

15. Les occupations. Le statut social

directeur (m)	director	[dɪˈrektə(r)]
supérieur (m)	superior	[suːˈpɪərɪə]
président (m)	president	['prezɪdənt]
assistant (m)	assistant	[əˈsɪstənt]
secrétaire (m, f)	secretary	['sekrətərɪ]

propriétaire (m)	owner	['əʊnə(r)]
partenaire (m)	partner	['pɑːtnə(r)]
actionnaire (m)	stockholder	['stɒkˌhəʊldə(r)]

homme (m) d'affaires	businessman	['bɪznɪsmæn]
millionnaire (m)	millionaire	[ˌmɪljəˈneə(r)]
milliardaire (m)	billionaire	[ˌbɪljəˈneə(r)]

acteur (m)	actor	['æktə(r)]
architecte (m)	architect	['ɑːkɪtekt]
banquier (m)	banker	['bæŋkə(r)]
courtier (m)	broker	['brəʊkə(r)]
vétérinaire (m)	veterinarian	[ˌvetərɪˈneərɪən]
médecin (m)	doctor	['dɒktə(r)]
femme (f) de chambre	chambermaid	['tʃeɪmbəˌmeɪd]
designer (m)	designer	[dɪˈzaɪnə(r)]
correspondant (m)	correspondent	[ˌkɒrɪˈspɒndənt]
livreur (m)	delivery man	[dɪˈlɪvərɪ mæn]

électricien (m)	electrician	[ˌɪlekˈtrɪʃən]
musicien (m)	musician	[mjuːˈzɪʃən]
baby-sitter (m, f)	babysitter	['beɪbɪ ˈsɪtə(r)]
coiffeur (m)	hairdresser	['heəˌdresə(r)]
berger (m)	herder	['hɜːdə(r)]

chanteur (m)	singer	['sɪŋə(r)]
traducteur (m)	translator	[trænsˈleɪtə(r)]
écrivain (m)	writer	['raɪtə(r)]
charpentier (m)	carpenter	['kɑːpəntə(r)]
cuisinier (m)	cook	[kʊk]

pompier (m)	fireman	['faɪəmən]
policier (m)	police officer	[pəˈliːs ˈɒfɪsə(r)]
facteur (m)	mailman	['meɪlmən]
programmeur (m)	programmer	['prəʊgræmə(r)]
vendeur (m)	salesman	['seɪlzmən]
ouvrier (m)	worker	['wɜːkə(r)]
jardinier (m)	gardener	['gɑːdnə(r)]

plombier (m)	**plumber**	['plʌmə(r)]
stomatologue (m)	**dentist**	['dentɪst]
hôtesse (f) de l'air	**flight attendant**	[ˌflaɪt ə'tendənt]
danseur (m)	**dancer**	['dɑ:nsə(r)]
garde (m) du corps	**bodyguard**	['bɒdɪgɑ:d]
savant (m)	**scientist**	['saɪəntɪst]
professeur (m)	**teacher**	['ti:tʃə(r)]
fermier (m)	**farmer**	['fɑ:mə(r)]
chirurgien (m)	**surgeon**	['sɜ:dʒən]
mineur (m)	**miner**	['maɪnə(r)]
cuisinier (m) en chef	**chef**	[ʃef]
chauffeur (m)	**driver**	['draɪvə(r)]

16. Le sport

type (m) de sport	**kind of sports**	[kaɪnd əv spɔ:ts]
football (m)	**soccer**	['sɒkə(r)]
hockey (m)	**hockey**	[ˌhɒkɪ]
basket-ball (m)	**basketball**	['bɑ:skɪtbɔ:l]
base-ball (m)	**baseball**	['beɪsbɔ:l]
volley-ball (m)	**volleyball**	['vɒlɪbɔ:l]
boxe (f)	**boxing**	['bɒksɪŋ]
lutte (f)	**wrestling**	['reslɪŋ]
tennis (m)	**tennis**	['tenɪs]
natation (f)	**swimming**	['swɪmɪŋ]
échecs (m pl)	**chess**	[tʃes]
course (f)	**running**	['rʌnɪŋ]
athlétisme (m)	**athletics**	[æθ'letɪks]
patinage (m) artistique	**figure skating**	['fɪgjə 'skeɪtɪŋ]
cyclisme (m)	**cycling**	['saɪklɪŋ]
billard (m)	**billiards**	['bɪljədz]
bodybuilding (m)	**bodybuilding**	['bɒdɪˌbɪldɪŋ]
golf (m)	**golf**	[gɒlf]
plongée (f)	**scuba diving**	['sku:bə 'daɪvɪŋ]
voile (f)	**sailing**	['seɪlɪŋ]
tir (m) à l'arc	**archery**	['ɑ:tʃərɪ]
mi-temps (f)	**period, half**	['pɪərɪəd], [hɑ:f]
mi-temps (f) (pause)	**half-time**	[hɑ:f taɪm]
match (m) nul	**tie**	[taɪ]
faire match nul	**to tie** (vi)	[tə taɪ]
tapis (m) roulant	**treadmill**	['tredmɪl]
joueur (m)	**player**	['pleɪə(r)]
remplaçant (m)	**substitute**	['sʌbstɪtju:t]

banc (m) des remplaçants	substitutes bench	['sʌbstɪtjuːts bentʃ]
match (m)	match	[mætʃ]
but (m)	goal	[ɡəʊl]
gardien (m) de but	goalkeeper	['ɡəʊlˌkiːpə(r)]
but (m)	goal	[ɡəʊl]

Jeux (m pl) olympiques	Olympic Games	[ə'lɪmpɪk ɡeɪmz]
établir un record	to set a record	[tə set ə 'rekɔːd]
finale (f)	final	['faɪnəl]
champion (m)	champion	['tʃæmpjən]
championnat (m)	championship	['tʃæmpjənʃɪp]

gagnant (m)	winner	['wɪnə(r)]
victoire (f)	victory	['vɪktərɪ]
gagner (vi)	to win (vi)	[tə wɪn]
médaille (f)	medal	['medəl]

première place (f)	first place	[fɜːst pleɪs]
deuxième place (f)	second place	['sekənd pleɪs]
troisième place (f)	third place	[θɜːd pleɪs]

stade (m)	stadium	['steɪdjəm]
supporteur (m)	fan, supporter	[fæn], [sə'pɔːtə(r)]
entraîneur (m)	trainer, coach	['treɪnə(r)], [kəʊtʃ]
entraînement (m)	training	['treɪnɪŋ]

17. Les langues étrangères. L'orthographe

langue (f)	language	['læŋɡwɪdʒ]
étudier (vt)	to study (vt)	[tə 'stʌdɪ]
prononciation (f)	pronunciation	[prəˌnʌnsɪ'eɪʃən]
accent (m)	accent	['æksent]

nom (m)	noun	[naʊn]
adjectif (m)	adjective	['ædʒɪktɪv]
verbe (m)	verb	[vɜːb]
adverbe (m)	adverb	['ædvɜːb]

pronom (m)	pronoun	['prəʊnaʊn]
interjection (f)	interjection	[ˌɪntə'dʒekʃən]
préposition (f)	preposition	[ˌprepə'zɪʃən]

racine (f)	root	[ruːt]
terminaison (f)	ending	['endɪŋ]
préfixe (m)	prefix	['priːfɪks]
syllabe (f)	syllable	['sɪləbəl]
suffixe (m)	suffix	['sʌfɪks]

| accent (m) tonique | stress mark | ['stres ˌmɑːk] |
| point (m) | period, dot | ['pɪərɪəd], [dɒt] |

virgule (f)	comma	['kɒmə]
deux-points (m)	colon	['keʊlən]
points (m pl) de suspension	ellipsis	[ɪ'lɪpsɪs]

question (f)	question	['kwestʃən]
point (m) d'interrogation	question mark	['kwestʃən mɑːk]
point (m) d'exclamation	exclamation point	[ˌekskləˈmeɪʃən pɔɪnt]

entre guillemets	in quotation marks	[ɪn kwəʊ'teɪʃən mɑːks]
entre parenthèses	in parenthesis	[ɪn pə'renθɪsɪs]
lettre (f)	letter	['letə(r)]
majuscule (f)	capital letter	['kæpɪtəl 'letə(r)]

proposition (f)	sentence	['sentəns]
groupe (m) de mots	group of words	[gruːp əf wɜːdz]
expression (f)	expression	[ɪk'spreʃən]

sujet (m)	subject	['sʌbdʒɪkt]
prédicat (m)	predicate	['predɪkət]
ligne (f)	line	[laɪn]
paragraphe (m)	paragraph	['pærəgrɑːf]

synonyme (m)	synonym	['sɪnənɪm]
antonyme (m)	antonym	['æntənɪm]
exception (f)	exception	[ɪk'sepʃən]
souligner (vt)	to underline (vt)	[tə ˌʌndə'laɪn]

règles (f pl)	rules	[ruːlz]
grammaire (f)	grammar	['græmə(r)]
vocabulaire (m)	vocabulary	[və'kæbjʊlərɪ]
phonétique (f)	phonetics	[fə'netɪks]
alphabet (m)	alphabet	['ælfəbet]

manuel (m)	textbook	['tekstbʊk]
dictionnaire (m)	dictionary	['dɪkʃənərɪ]
guide (m) de conversation	phrasebook	['freɪzbʊk]

mot (m)	word	[wɜːd]
sens (m)	meaning	['miːnɪŋ]
mémoire (f)	memory	['memərɪ]

18. La Terre. La géographie

Terre (f)	the Earth	[ðɪ ɜːθ]
globe (m) terrestre	the globe	[ðɪ gləʊb]
planète (f)	planet	['plænɪt]

géographie (f)	geography	[dʒɪ'ɒgrəfɪ]
nature (f)	nature	['neɪtʃə(r)]
carte (f)	map	[mæp]

atlas (m)	atlas	['ætləs]
au nord	in the north	[ɪn ðə nɔ:θ]
au sud	in the south	[ɪn ðə saʊθ]
à l'occident	in the west	[ɪn ðə west]
à l'orient	in the east	[ɪn ðɪ i:st]
mer (f)	sea	[si:]
océan (m)	ocean	['əʊʃən]
golfe (m)	gulf	[gʌlf]
détroit (m)	straits	[streɪts]
continent (m)	continent	['kɒntɪnənt]
île (f)	island	['aɪlənd]
presqu'île (f)	peninsula	[pə'nɪnsjʊlə]
archipel (m)	archipelago	[ˌɑ:kɪ'pelɪgəʊ]
port (m)	harbor	['hɑ:bə(r)]
récif (m) de corail	coral reef	['kɒrəl ri:f]
littoral (m)	shore	[ʃɔ:(r)]
côte (f)	coast	[kəʊst]
marée (f) haute	flow	[fləʊ]
marée (f) basse	ebb	[eb]
latitude (f)	latitude	['lætɪtju:d]
longitude (f)	longitude	['lɒndʒɪtju:d]
parallèle (f)	parallel	['pærəlel]
équateur (m)	equator	[ɪ'kweɪtə(r)]
ciel (m)	sky	[skaɪ]
horizon (m)	horizon	[hə'raɪzən]
atmosphère (f)	atmosphere	['ætməˌsfɪə(r)]
montagne (f)	mountain	['maʊntɪn]
sommet (m)	summit, top	['sʌmɪt], [tɒp]
rocher (m)	cliff	[klɪf]
colline (f)	hill	[hɪl]
volcan (m)	volcano	[vɒl'kenəʊ]
glacier (m)	glacier	['gleɪʃə(r)]
chute (f) d'eau	waterfall	['wɔ:təfɔ:l]
plaine (f)	plain	[pleɪn]
rivière (f), fleuve (m)	river	['rɪvə(r)]
source (f)	spring	[sprɪŋ]
rive (f)	bank	[bæŋk]
en aval	downstream	['daʊnˌstri:m]
en amont	upstream	[ˌʌp'stri:m]
lac (m)	lake	[leɪk]
barrage (m)	dam	[dæm]
canal (m)	canal	[kə'næl]

| marais (m) | swamp | [swɒmp] |
| glace (f) | ice | [aɪs] |

19. Les pays du monde. Partie 1

Europe (f)	Europe	['jʊərəp]
Union (f) européenne	European Union	[ˌjʊərə'piːən 'juːnɪən]
européen (m)	European	[ˌjʊərə'piːən]
européen (adj)	European	[ˌjʊərə'piːən]

Autriche (f)	Austria	['ɒstrɪə]
Grande-Bretagne (f)	Great Britain	[greɪt 'brɪtən]
Angleterre (f)	England	['ɪŋglənd]
Belgique (f)	Belgium	['beldʒəm]
Allemagne (f)	Germany	['dʒɜːmənɪ]

Pays-Bas (m)	Netherlands	['neðələndz]
Hollande (f)	Holland	['hɒlənd]
Grèce (f)	Greece	[griːs]
Danemark (m)	Denmark	['denmɑːk]
Irlande (f)	Ireland	['aɪələnd]

Islande (f)	Iceland	['aɪslənd]
Espagne (f)	Spain	[speɪn]
Italie (f)	Italy	['ɪtəlɪ]
Chypre (m)	Cyprus	['saɪprəs]
Malte (f)	Malta	['mɔːltə]

Norvège (f)	Norway	['nɔːweɪ]
Portugal (m)	Portugal	['pɔːtʃʊgəl]
Finlande (f)	Finland	['fɪnlənd]
France (f)	France	[frɑːns]
Suède (f)	Sweden	['swiːdən]

Suisse (f)	Switzerland	['swɪtsələnd]
Écosse (f)	Scotland	['skɒtlənd]
Vatican (m)	Vatican	['vætɪkən]
Liechtenstein (m)	Liechtenstein	['lɪktənstaɪn]
Luxembourg (m)	Luxembourg	['lʌksəmbɜːg]

Monaco (m)	Monaco	['mɒnəkəʊ]
Albanie (f)	Albania	[æl'beɪnɪə]
Bulgarie (f)	Bulgaria	[bʌl'geərɪə]
Hongrie (f)	Hungary	['hʌŋgərɪ]
Lettonie (f)	Latvia	['lætvɪə]

Lituanie (f)	Lithuania	[ˌlɪθjʊ'eɪnjə]
Pologne (f)	Poland	['pəʊlənd]
Roumanie (f)	Romania	[ruː'meɪnɪə]
Serbie (f)	Serbia	['sɜːbɪə]

Slovaquie (f)	**Slovakia**	[sləˈvækɪə]
Croatie (f)	**Croatia**	[krəʊˈeɪʃə]
République (f) Tchèque	**Czech Republic**	[tʃek rɪˈpʌblɪk]
Estonie (f)	**Estonia**	[eˈstəʊnjə]
Bosnie (f)	**Bosnia and Herzegovina**	[ˈbɒznɪə ənd ˌheətsəgəˈviːnə]
Macédoine (f)	**Macedonia**	[ˌmæsɪˈdəʊnɪə]
Slovénie (f)	**Slovenia**	[sləˈviːnɪə]
Monténégro (m)	**Montenegro**	[ˌmɒntɪˈniːgrəʊ]
Biélorussie (f)	**Belarus**	[ˌbeleˈruːs]
Moldavie (f)	**Moldavia**	[mɒlˈdeɪvɪə]
Russie (f)	**Russia**	[ˈrʌʃə]
Ukraine (f)	**Ukraine**	[juːˈkreɪn]

20. Les pays du monde. Partie 2

Asie (f)	**Asia**	[ˈeɪʒə]
Vietnam (m)	**Vietnam**	[ˌvjetˈnɑːm]
Inde (f)	**India**	[ˈɪndɪə]
Israël (m)	**Israel**	[ˈɪzreɪəl]
Chine (f)	**China**	[ˈtʃaɪnə]
Liban (m)	**Lebanon**	[ˈlebənən]
Mongolie (f)	**Mongolia**	[mɒŋˈgəʊlɪə]
Malaisie (f)	**Malaysia**	[məˈleɪzɪə]
Pakistan (m)	**Pakistan**	[ˈpækɪstæn]
Arabie (f) Saoudite	**Saudi Arabia**	[ˈsaʊdɪ əˈreɪbɪə]
Thaïlande (f)	**Thailand**	[ˈtaɪlænd]
Taïwan (m)	**Taiwan**	[ˌtaɪˈwɑːn]
Turquie (f)	**Turkey**	[ˈtɜːkɪ]
Japon (m)	**Japan**	[dʒəˈpæn]
Afghanistan (m)	**Afghanistan**	[æfˈgænɪˌstæn]
Bangladesh (m)	**Bangladesh**	[ˌbæŋgləˈdeʃ]
Indonésie (f)	**Indonesia**	[ˌɪndəˈniːzjə]
Jordanie (f)	**Jordan**	[ˈdʒɔːdən]
Iraq (m)	**Iraq**	[ɪˈrɑːk]
Iran (m)	**Iran**	[ɪˈrɑːn]
Cambodge (m)	**Cambodia**	[kæmˈbəʊdjə]
Koweït (m)	**Kuwait**	[kʊˈweɪt]
Laos (m)	**Laos**	[laʊs]
Myanmar (m)	**Myanmar**	[ˌmaɪænˈmɑː(r)]
Népal (m)	**Nepal**	[nɪˈpɔːl]
Fédération (f) des Émirats Arabes Unis	**United Arab Emirates**	[juːˈnaɪtɪd ˈærəb ˈemərəts]
Syrie (f)	**Syria**	[ˈsɪrɪə]

Palestine (f)	Palestine	['pælə͵staɪn]
Corée (f) du Sud	South Korea	[saʊθ kə'rɪə]
Corée (f) du Nord	North Korea	[nɔːθ kə'rɪə]
Les États Unis	United States of America	[ju:'naɪtɪd steɪts əv ə'merɪkə]
Canada (m)	Canada	['kænədə]
Mexique (m)	Mexico	['meksɪkəʊ]
Argentine (f)	Argentina	[͵ɑːdʒən'ti:nə]
Brésil (m)	Brazil	[brə'zɪl]
Colombie (f)	Colombia	[kə'lɒmbɪə]
Cuba (f)	Cuba	['kju:bə]
Chili (m)	Chile	['tʃɪlɪ]
Venezuela (f)	Venezuela	[͵venɪ'zweɪlə]
Équateur (m)	Ecuador	['ekwədɔː(r)]
Bahamas (f pl)	The Bahamas	[ðə bə'hɑːməz]
Panamá (m)	Panama	['pænəmɑː]
Égypte (f)	Egypt	['iːdʒɪpt]
Maroc (m)	Morocco	[mə'rɒkəʊ]
Tunisie (f)	Tunisia	[tjuː'nɪzɪə]
Kenya (m)	Kenya	['kenjə]
Libye (f)	Libya	['lɪbɪə]
République (f) Sud-africaine	South Africa	[saʊθ 'æfrɪkə]
Australie (f)	Australia	[ɒ'streɪljə]
Nouvelle Zélande (f)	New Zealand	[njuː 'ziːlənd]

21. Le temps. Les catastrophes naturelles

temps (m)	weather	['weðə(r)]
météo (f)	weather forecast	['weðə 'fɔːkɑːst]
température (f)	temperature	['temprətʃə(r)]
thermomètre (m)	thermometer	[θə'mɒmɪtə(r)]
baromètre (m)	barometer	[bə'rɒmɪtə(r)]
soleil (m)	sun	[sʌn]
briller (soleil)	to shine (vi)	[tə ʃaɪn]
ensoleillé (jour ~)	sunny	['sʌnɪ]
se lever (vp)	to come up (vi)	[tə kʌm ʌp]
se coucher (vp)	to set (vi)	[tə set]
pluie (f)	rain	[reɪn]
il pleut	it's raining	[ɪts 'reɪnɪŋ]
pluie (f) torrentielle	pouring rain	['pɔːrɪŋ reɪn]
nuée (f)	rain cloud	[reɪn klaʊd]
flaque (f)	puddle	['pʌdəl]
se faire mouiller	to get wet	[tə get wet]

orage (m)	thunderstorm	['θʌndəstɔːm]
éclair (m)	lightning	['laɪtnɪŋ]
éclater (foudre)	to flash (vi)	[tə flæʃ]
tonnerre (m)	thunder	['θʌndə(r)]
le tonnerre gronde	it's thundering	[ɪts 'θʌndərɪŋ]
grêle (f)	hail	[heɪl]
il grêle	it's hailing	[ɪts heɪlɪŋ]

chaleur (f) (canicule)	heat	[hiːt]
il fait très chaud	it's hot	[ɪts hɒt]
il fait chaud	it's warm	[ɪts wɔːm]
il fait froid	it's cold	[ɪts kəʊld]

brouillard (m)	fog, mist	[fɒg], [mɪst]
brumeux (adj)	foggy	['fɒgɪ]
nuage (m)	cloud	[klaʊd]
nuageux (adj)	cloudy	['klaʊdɪ]
humidité (f)	humidity	[hjuːˈmɪdətɪ]

neige (f)	snow	[snəʊ]
il neige	it's snowing	[ɪts snəʊɪŋ]
gel (m)	frost	[frɒst]
au-dessous de zéro	below zero	[bɪˈləʊ ˈzɪərəʊ]
givre (m)	hoarfrost	['hɔːˌfrɒst]

intempéries (f pl)	bad weather	[bæd 'weðə(r)]
catastrophe (f)	disaster	[dɪˈzɑːstə(r)]
inondation (f)	flood	[flʌd]
avalanche (f)	avalanche	['ævəlɑːnʃ]
tremblement (m) de terre	earthquake	['ɜːθkweɪk]

secousse (f)	tremor, quake	['tremə(r)], [kweɪk]
épicentre (m)	epicenter	['epɪsentə(r)]
éruption (f)	eruption	[ɪˈrʌpʃən]
lave (f)	lava	['lɑːvə]

tornade (f)	tornado	[tɔːˈneɪdəʊ]
tourbillon (m)	twister	['twɪstə(r)]
ouragan (m)	hurricane	['hʌrɪkən]
tsunami (m)	tsunami	[tsuːˈnɑːmɪ]
cyclone (m)	cyclone	['saɪkləʊn]

22. Les animaux. Partie 1

| animal (m) | animal | ['ænɪməl] |
| prédateur (m) | predator | ['predətə(r)] |

tigre (m)	tiger	['taɪgə(r)]
lion (m)	lion	['laɪən]
loup (m)	wolf	[wʊlf]

renard (m)	fox	[fɒks]
jaguar (m)	jaguar	['dʒægjʊə(r)]
lynx (m)	lynx	[lɪnks]
coyote (m)	coyote	[kɔɪ'əʊtɪ]
chacal (m)	jackal	['dʒækəl]
hyène (f)	hyena	[haɪ'i:nə]
écureuil (m)	squirrel	['skwɜ:rəl]
hérisson (m)	hedgehog	['hedʒhɒg]
lapin (m)	rabbit	['ræbɪt]
raton (m)	raccoon	[rə'ku:n]
hamster (m)	hamster	['hæmstə(r)]
taupe (f)	mole	[məʊl]
souris (f)	mouse	[maʊs]
rat (m)	rat	[ræt]
chauve-souris (f)	bat	[bæt]
castor (m)	beaver	['bi:və(r)]
cheval (m)	horse	[hɔ:s]
cerf (m)	deer	[dɪə(r)]
chameau (m)	camel	['kæməl]
zèbre (m)	zebra	['zi:brə]
baleine (f)	whale	[weɪl]
phoque (m)	seal	[si:l]
morse (m)	walrus	['wɔ:lrəs]
dauphin (m)	dolphin	['dɒlfɪn]
ours (m)	bear	[beə]
singe (m)	monkey	['mʌŋkɪ]
éléphant (m)	elephant	['elɪfənt]
rhinocéros (m)	rhinoceros	[raɪ'nɒsərəs]
girafe (f)	giraffe	[dʒɪ'rɑ:f]
hippopotame (m)	hippopotamus	[ˌhɪpə'pɒtəməs]
kangourou (m)	kangaroo	[ˌkæŋgə'ru:]
chat (m) (femelle)	cat	[kæt]
chien (m)	dog	[dɒg]
vache (f)	cow	[kaʊ]
taureau (m)	bull	[bʊl]
brebis (f)	sheep	[ʃi:p]
chèvre (f)	goat	[gəʊt]
âne (m)	donkey	['dɒŋkɪ]
cochon (m)	pig, hog	[pɪg], [hɒg]
poule (f)	hen	[hen]
coq (m)	rooster	['ru:stə(r)]
canard (m)	duck	[dʌk]
oie (f)	goose	[gu:s]

| dinde (f) | turkey | ['tɜːkɪ] |
| berger (m) | sheepdog | ['ʃiːpdɒg] |

23. Les animaux. Partie 2

oiseau (m)	bird	[bɜːd]
pigeon (m)	pigeon	['pɪdʒɪn]
moineau (m)	sparrow	['spærəʊ]
mésange (f)	tit	[tɪt]
pie (f)	magpie	['mægpaɪ]

aigle (m)	eagle	['iːgəl]
épervier (m)	hawk	[hɔːk]
faucon (m)	falcon	['fɔːlkən]

cygne (m)	swan	[swɒn]
grue (f)	crane	[kreɪn]
cigogne (f)	stork	[stɔːk]
perroquet (m)	parrot	['pærət]
paon (m)	peacock	['piːkɒk]
autruche (f)	ostrich	['ɒstrɪtʃ]

héron (m)	heron	['herən]
rossignol (m)	nightingale	['naɪtɪŋgeɪl]
hirondelle (f)	swallow	['swɒləʊ]
pivert (m)	woodpecker	['wʊd,pekə(r)]
coucou (m)	cuckoo	['kʊkuː]
chouette (f)	owl	[aʊl]

pingouin (m)	penguin	['peŋgwɪn]
thon (m)	tuna	['tuːnə]
truite (f)	trout	[traʊt]
anguille (f)	eel	[iːl]

requin (m)	shark	[ʃɑːk]
crabe (m)	crab	[kræb]
méduse (f)	jellyfish	['dʒelɪfɪʃ]
pieuvre (f), poulpe (m)	octopus	['ɒktəpəs]

étoile (f) de mer	starfish	['stɑːfɪʃ]
oursin (m)	sea urchin	[siː 'ɜːtʃɪn]
hippocampe (m)	seahorse	['siːhɔːs]
crevette (f)	shrimp	[ʃrɪmp]

serpent (m)	snake	[sneɪk]
vipère (f)	viper	['vaɪpə(r)]
lézard (m)	lizard	['lɪzəd]
iguane (m)	iguana	[ɪ'gwɑːnə]
caméléon (m)	chameleon	[kə'miːlɪən]
scorpion (m)	scorpion	['skɔːpɪən]

tortue (f)	turtle	['tɜ:təl]
grenouille (f)	frog	[frɒg]
crocodile (m)	crocodile	['krɒkədaɪl]
insecte (m)	insect, bug	['ɪnsekt], [bʌg]
papillon (m)	butterfly	['bʌtəflaɪ]
fourmi (f)	ant	[ænt]
mouche (f)	fly	[flaɪ]

moustique (m)	mosquito	[mə'ski:təʊ]
scarabée (m)	beetle	['bi:təl]
abeille (f)	bee	[bi:]
araignée (f)	spider	['spaɪdə(r)]
coccinelle (f)	ladybug	['leɪdɪbʌg]

24. La flore. Les arbres

arbre (m)	tree	[tri:]
bouleau (m)	birch	[bɜ:tʃ]
chêne (m)	oak	[əʊk]
tilleul (m)	linden tree	['lɪndən tri:]
tremble (m)	aspen	['æspən]

érable (m)	maple	['meɪpəl]
épicéa (m)	spruce	[spru:s]
pin (m)	pine	[paɪn]
cèdre (m)	cedar	['si:də(r)]

peuplier (m)	poplar	['pɒplə(r)]
sorbier (m)	rowan	['rəʊən]
hêtre (m)	beech	[bi:tʃ]
orme (m)	elm	[elm]

frêne (m)	ash	[æʃ]
marronnier (m)	chestnut	['tʃesnʌt]
palmier (m)	palm tree	[pɑ:m tri:]
buisson (m)	bush	[bʊʃ]

champignon (m)	mushroom	['mʌʃrʊm]
champignon (m) vénéneux	poisonous mushroom	['pɔɪzənəs 'mʌʃrʊm]
cèpe (m)	cep	[sep]
russule (f)	russula	['rʌsjʊlə]
amanite (f) tue-mouches	fly agaric	[flaɪ 'ægərɪk]
oronge (f) verte	death cap	['deθ ˌkæp]

fleur (f)	flower	['flaʊə(r)]
bouquet (m)	bouquet	[bʊ'keɪ]
rose (f)	rose	[rəʊz]
tulipe (f)	tulip	['tju:lɪp]
oeillet (m)	carnation	[kɑ:'neɪʃən]
marguerite (f)	camomile	['kæməmaɪl]

cactus (m)	**cactus**	['kæktəs]
muguet (m)	**lily of the valley**	['lılı əv ðə 'vælı]
perce-neige (f)	**snowdrop**	['snəʊdrɒp]
nénuphar (m)	**water lily**	['wɔ:tə 'lılı]
serre (f) tropicale	**greenhouse**	['gri:nhaʊs]
gazon (m)	**lawn**	[lɔ:n]
parterre (m) de fleurs	**flowerbed**	['flaʊəbed]
plante (f)	**plant**	[plɑ:nt]
herbe (f)	**grass**	[grɑ:s]
feuille (f)	**leaf**	[li:f]
pétale (m)	**petal**	['petəl]
tige (f)	**stem**	[stem]
pousse (f)	**young plant**	[jʌŋ plɑ:nt]
céréales (f pl) (plantes)	**cereal crops**	['sıərıəl krɒps]
blé (m)	**wheat**	[wi:t]
seigle (m)	**rye**	[raı]
avoine (f)	**oats**	[əʊts]
millet (m)	**millet**	['mılıt]
orge (f)	**barley**	['bɑ:lı]
maïs (m)	**corn**	[kɔ:n]
riz (m)	**rice**	[raıs]

25. Les mots souvent utilisés

aide (f)	**help**	[help]
arrêt (m) (pause)	**stop, pause**	[stɒp], [pɔ:z]
balance (f)	**balance**	['bæləns]
base (f)	**base**	[beıs]
catégorie (f)	**category**	['kætəgərı]
choix (m)	**choice**	[tʃɔıs]
coïncidence (f)	**coincidence**	[kəʊ'ınsıdəns]
comparaison (f)	**comparison**	[kəm'pærısən]
début (m)	**beginning**	[bı'gınıŋ]
degré (m) (~ de liberté)	**degree**	[dı'gri:]
développement (m)	**development**	[dı'veləpmənt]
différence (f)	**difference**	['dıfrəns]
effet (m)	**effect**	[ı'fekt]
effort (m)	**effort**	['efət]
élément (m)	**element**	['elımənt]
exemple (m)	**example**	[ıg'zɑ:mpəl]
fait (m)	**fact**	[fækt]
faute, erreur (f)	**mistake**	[mı'steık]
forme (f)	**shape**	[ʃeıp]

idéal (m)	ideal	[aɪˈdɪəl]
mode (m) (méthode)	way	[weɪ]
moment (m)	moment	[ˈməʊmənt]
obstacle (m)	obstacle	[ˈɒbstəkəl]
part (f)	part	[pɑːt]

pause (f)	pause	[pɔːz]
position (f)	position	[pəˈzɪʃən]
problème (m)	problem	[ˈprɒbləm]
processus (m)	process	[ˈprəʊses]
progrès (m)	progress	[ˈprəʊgres]

propriété (f) (qualité)	property, quality	[ˈprɒpətɪ], [ˈkwɒlɪtɪ]
réaction (f)	reaction	[rɪˈækʃən]
risque (m)	risk	[rɪsk]
secret (m)	secret	[ˈsiːkrɪt]
série (f)	series	[ˈsɪəriːz]

situation (f)	situation	[ˌsɪtjʊˈeɪʃən]
solution (f)	solution	[səˈluːʃən]
standard (adj)	standard	[ˈstændəd]
style (m)	style	[staɪl]
système (m)	system	[ˈsɪstəm]

tableau (m) (grille)	table, chart	[ˈteɪbəl], [tʃɑːt]
tempo (m)	tempo, rate	[ˈtempəʊ], [reɪt]
terme (m)	term	[tɜːm]
tour (m) (attends ton ~)	turn	[tɜːn]
type (m) (~ de sport)	kind	[kaɪnd]

urgent (adj)	urgent	[ˈɜːdʒənt]
utilité (f)	utility	[juːˈtɪlətɪ]
vérité (f)	truth	[truːθ]
version (f)	variant	[ˈveərɪənt]
zone (f)	zone	[zəʊn]

26. Les adjectifs. Partie 1

aigre (fruits ~s)	sour	[ˈsaʊə(r)]
amer (adj)	bitter	[ˈbɪtə(r)]
ancien (adj)	ancient	[ˈeɪnʃənt]
artificiel (adj)	artificial	[ˌɑːtɪˈfɪʃəl]
aveugle (adj)	blind	[blaɪnd]

bas (voix ~se)	low	[ləʊ]
beau (homme)	beautiful	[ˈbjuːtɪfʊl]
bien affilé (adj)	sharp	[ʃɑːp]
bon (savoureux)	tasty	[ˈteɪstɪ]
bronzé (adj)	tan	[tæn]
central (adj)	central	[ˈsentrəl]

clandestin (adj)	clandestine	[klæn'destın]
compatible (adj)	compatible	[kəm'pætəbəl]
content (adj)	contented	[kən'tentıd]
continu (usage ~)	prolonged	[prə'loŋd]

court (de taille)	short	[ʃɔːt]
cru (non cuit)	raw	[rɔː]
dangereux (adj)	dangerous	['deındʒərəs]
d'enfant (adj)	children's	['tʃıldrənz]
dense (brouillard ~)	dense	[dens]

dernier (final)	last, final	[lɑːst], ['faınəl]
difficile (décision)	difficult	['dıfıkəlt]
d'occasion (adj)	second hand	['sekənd ˌhænd]
douce (l'eau ~)	fresh	[freʃ]
droit (pas courbe)	straight	[streıt]

droit (situé à droite)	right	[raıt]
dur (pas mou)	hard	[hɑːd]
étroit (passage, etc.)	narrow	['nærəʊ]
excellent (adj)	excellent	['eksələnt]
excessif (adj)	excessive	[ık'sesıv]
extérieur (adj)	exterior	[ık'stıərıə(r)]
facile (adj)	easy	['iːzı]
fertile (le sol ~)	fertile	['fɜːtaıl]
fort (homme ~)	strong	[stroŋ]
fort (voix ~e)	loud	[laʊd]

fragile (vaisselle, etc.)	fragile	['frædʒəl]
gauche (adj)	left	[left]
géant (adj)	huge	[hjuːdʒ]
grand (dimension)	big	[bıg]
gratuit (adj)	free	[friː]

heureux (adj)	happy	['hæpı]
immobile (adj)	immobile	[ı'məʊbaıl]
important (adj)	important	[ım'pɔːtənt]
intelligent (adj)	clever	['klevə(r)]
intérieur (adj)	interior	[ın'tıərıə(r)]

légal (adj)	legal	['liːgəl]
léger (pas lourd)	light	[laıt]
liquide (adj)	liquid	['lıkwıd]
lisse (adj)	smooth	[smuːð]
long (~ chemin)	long	[loŋ]

27. Les adjectifs. Partie 2

| malade (adj) | ill, sick | [ıl], [sık] |
| mat (couleur) | matt, matte | [mæt] |

mauvais (adj)	**bad**	[bæd]
mort (adj)	**dead**	[ded]
mou (souple)	**soft**	[sɒft]
mûr (fruit ~)	**ripe**	[raɪp]
mystérieux (adj)	**mysterious**	[mɪˈstɪərɪəs]
natal (ville, pays)	**native**	[ˈneɪtɪv]
négatif (adj)	**negative**	[ˈnegətɪv]
neuf (adj)	**new**	[njuː]
normal (adj)	**normal**	[ˈnɔːməl]
obligatoire (adj)	**obligatory**	[əˈblɪgətrɪ]
opposé (adj)	**opposite**	[ˈɒpəzɪt]
ordinaire (adj)	**ordinary**	[ˈɔːdənrɪ]
original (peu commun)	**original**	[ɒˈrɪdʒɪnəl]
ouvert (adj)	**open**	[ˈəʊpən]
parfait (adj)	**superb**	[suːˈpɜːb]
pas clair (adj)	**unclear**	[ˌʌnˈklɪə(r)]
pas difficile (adj)	**not difficult**	[nɒt ˈdɪfɪkəlt]
passé (le mois ~)	**last**	[lɑːst]
pauvre (adj)	**poor**	[pʊə(r)]
personnel (adj)	**personal**	[ˈpɜːsənəl]
petit (adj)	**small**	[smɔːl]
peu profond (adj)	**shallow**	[ˈʃæləʊ]
plein (rempli)	**full**	[fʊl]
poli (adj)	**polite**	[pəˈlaɪt]
possible (adj)	**possible**	[ˈpɒsəbəl]
précis, exact (adj)	**exact**	[ɪgˈzækt]
principal (adj)	**main, principal**	[meɪn], [ˈprɪnsɪpəl]
principal (idée ~e)	**principal**	[ˈprɪnsɪpəl]
probable (adj)	**probable**	[ˈprɒbəbəl]
propre (chemise ~)	**clean**	[kliːn]
public (adj)	**public**	[ˈpʌblɪk]
rapide (adj)	**fast, quick**	[fɑːst], [kwɪk]
rare (adj)	**rare**	[reə(r)]
risqué (adj)	**risky**	[ˈrɪskɪ]
sale (pas propre)	**dirty**	[ˈdɜːtɪ]
similaire (adj)	**similar**	[ˈsɪmɪlə(r)]
solide (bâtiment, etc.)	**solid**	[ˈsɒlɪd]
spacieux (adj)	**spacious**	[ˈspeɪʃəs]
spécial (adj)	**special**	[ˈspeʃəl]
stupide (adj)	**stupid**	[ˈstjuːpɪd]
sucré (adj)	**sweet**	[swiːt]
suivant (vol ~)	**next**	[nekst]
supplémentaire (adj)	**additional**	[əˈdɪʃənəl]
surgelé (produits ~s)	**frozen**	[ˈfrəʊzən]

triste (regard ~)	sad	[sæd]
vide (bouteille, etc.)	empty	['emptɪ]
vieux (bâtiment, etc.)	old	[əʊld]

28. Les verbes les plus utilisés. Partie 1

accuser (vt)	to accuse (vt)	[tə ə'kjuːz]
acheter (vt)	to buy (vt)	[tə baɪ]
aider (vt)	to help (vt)	[tə help]
aimer (qn)	to love (vt)	[tə lʌv]
aller (à pied)	to go (vi)	[tə gəʊ]
allumer (vt)	to turn on (vt)	[tə tɜːn ɒn]

annoncer (vt)	to announce (vt)	[tə ə'naʊns]
annuler (vt)	to cancel (vt)	[tə 'kænsəl]
appartenir à ...	to belong to ...	[tə bɪ'lɒŋ tuː]
attendre (vt)	to wait (vt)	[tə weɪt]
attraper (vt)	to catch (vt)	[tə kætʃ]
autoriser (vt)	to permit (vt)	[tə pə'mɪt]

avoir (vt)	to have (vt)	[tə hæv]
avoir confiance	to trust (vt)	[tə trʌst]
avoir peur	to be afraid	[tə bi ə'freɪd]
battre (frapper)	to beat (vt)	[tə biːt]

boire (vt)	to drink (vi, vt)	[tə drɪŋk]
cacher (vt)	to hide (vt)	[tə haɪd]
casser (briser)	to break (vt)	[tə breɪk]
cesser (vt)	to stop (vt)	[tə stɒp]
changer (vt)	to change (vt)	[tə tʃeɪndʒ]
chanter (vi)	to sing (vi)	[tə sɪŋ]

chasser (animaux)	to hunt (vi, vt)	[tə hʌnt]
choisir (vt)	to choose (vt)	[tə tʃuːz]
commencer (vt)	to begin (vt)	[tə bɪ'gɪn]
comparer (vt)	to compare (vt)	[tə kəm'peə(r)]
comprendre (vt)	to understand (vt)	[tə‚ʌndə'stænd]
compter (dénombrer)	to count (vt)	[tə kaʊnt]

compter sur ...	to count on ...	[tə kaʊnt ɒn]
confirmer (vt)	to confirm (vt)	[tə kən'fɜːm]
connaître (qn)	to know (vt)	[tə nəʊ]
construire (vt)	to build (vt)	[tə bɪld]
copier (vt)	to copy (vt)	[tə 'kɒpɪ]
courir (vi)	to run (vi)	[tə rʌn]

coûter (vt)	to cost (vt)	[tə kɒst]
créer (vt)	to create (vt)	[tə kriː'eɪt]
creuser (vt)	to dig (vt)	[tə dɪg]
crier (vi)	to shout (vi)	[tə ʃaʊt]

| croire (en Dieu) | to believe (vi) | [tə bɪ'liːv] |
| danser (vi, vt) | to dance (vi, vt) | [tə dɑːns] |

décider (vt)	to decide (vt)	[tə dɪ'saɪd]
déjeuner (vi)	to have lunch	[tə hæv lʌntʃ]
demander (~ l'heure)	to ask (vt)	[tə ɑːsk]
dépendre de …	to depend on …	[tə dɪ'pend ɒn]
déranger (vt)	to disturb (vt)	[tə dɪ'stɜːb]
dîner (vi)	to have dinner	[tə hæv 'dɪnə(r)]

dire (vt)	to say (vt)	[tə seɪ]
discuter (vt)	to discuss (vt)	[tə dɪs'kʌs]
disparaître (vi)	to disappear (vi)	[tə ˌdɪsə'pɪə(r)]
divorcer (vi)	to divorce (vi)	[tə dɪ'vɔːs]
donner (vt)	to give (vt)	[tə gɪv]
douter (vt)	to doubt (vi)	[tə daʊt]

29. Les verbes les plus utilisés. Partie 2

écrire (vt)	to write (vt)	[tə raɪt]
entendre (bruit, etc.)	to hear (vt)	[tə hɪə(r)]
envoyer (vt)	to send (vt)	[tə send]
espérer (vi)	to hope (vi, vt)	[tə həʊp]
essayer (de faire qch)	to try (vt)	[tə traɪ]

éteindre (vt)	to turn off (vt)	[tə tɜːn ɒf]
être absent	to be absent	[tə bi 'æbsənt]
être d'accord	to agree (vi)	[tə ə'griː]
être fatigué	to get tired	[tə get 'taɪəd]
être pressé	to hurry (vi)	[tə 'hʌrɪ]

étudier (vt)	to study (vt)	[tə 'stʌdɪ]
excuser (vt)	to excuse (vt)	[tə ɪk'skjuːz]
exiger (vt)	to demand (vt)	[tə dɪ'mɑːnd]
exister (vi)	to exist (vi)	[tə ɪg'zɪst]
expliquer (vt)	to explain (vt)	[tə ɪk'spleɪn]

faire (vt)	to do (vt)	[tə duː]
faire le ménage	to clean up	[tə kliːn ʌp]
faire tomber	to drop (vt)	[tə drɒp]
féliciter (vt)	to congratulate (vt)	[tə kən'grætʃʊleɪt]
fermer (vt)	to close (vt)	[tə kləʊz]

finir (vt)	to finish (vt)	[tə 'fɪnɪʃ]
garder (conserver)	to keep (vt)	[tə kiːp]
haïr (vt)	to hate (vt)	[tə heɪt]
insister (vi)	to insist (vi, vt)	[tə ɪn'sɪst]
insulter (vt)	to insult (vt)	[tə ɪn'sʌlt]
interdire (vt)	to forbid (vt)	[tə fə'bɪd]
inviter (vt)	to invite (vt)	[tə ɪn'vaɪt]

jouer (s'amuser)	to play (vi)	[tə pleɪ]
lire (vi, vt)	to read (vi, vt)	[tə riːd]
louer (prendre en location)	to rent (vt)	[tə rent]
manger (vi, vt)	to eat (vi, vt)	[tə iːt]
manquer (l'école)	to miss (vt)	[tə mɪs]
mépriser (vt)	to despise (vt)	[tə dɪ'spaɪz]
montrer (vt)	to show (vt)	[tə ʃəʊ]
mourir (vi)	to die (vi)	[tə daɪ]
nager (vi)	to swim (vi)	[tə swɪm]
naître (vi)	to be born	[tə bi bɔːn]
nier (vt)	to deny (vt)	[tə dɪ'naɪ]
obéir (vt)	to obey (vi, vt)	[tə ə'beɪ]
oublier (vt)	to forget (vi, vt)	[tə fə'get]
ouvrir (vt)	to open (vt)	[tə 'əʊpən]

30. Les verbes les plus utilisés. Partie 3

pardonner (vt)	to forgive (vt)	[tə fə'gɪv]
parler (vi, vt)	to speak (vi, vt)	[tə spiːk]
parler avec ...	to talk to ...	[tə tɔːk tuː]
participer à ...	to participate (vi)	[tə pɑː'tɪsɪpeɪt]
payer (régler)	to pay (vi, vt)	[tə peɪ]
penser (vi, vt)	to think (vi, vt)	[tə θɪŋk]
perdre (les clefs, etc.)	to lose (vt)	[tə luːz]
plaire (être apprécié)	to like (vt)	[tə laɪk]
plaisanter (vi)	to joke (vi)	[tə dʒəʊk]
pleurer (vi)	to cry (vi)	[tə kraɪ]
plonger (vi)	to dive (vi)	[tə daɪv]
pouvoir (v aux)	can (v aux)	[kæn]
pouvoir (v aux)	can (v aux)	[kæn]
prendre (vt)	to take (vt)	[tə teɪk]
prendre le petit déjeuner	to have breakfast	[tə hæv 'brekfəst]
préparer (le dîner)	to cook (vt)	[tə kʊk]
prévoir (vt)	to expect (vt)	[tə ɪk'spekt]
prier (~ Dieu)	to pray (vi, vt)	[tə preɪ]
promettre (vt)	to promise (vt)	[tə 'prɒmɪs]
proposer (vt)	to propose (vt)	[tə prə'pəʊz]
prouver (vt)	to prove (vt)	[tə pruːv]
raconter (une histoire)	to tell (vt)	[tə tel]
recevoir (vt)	to receive (vt)	[tə rɪ'siːv]
regarder (vt)	to look at ...	[tə lʊk æt]
remercier (vt)	to thank (vt)	[tə θæŋk]
répéter (dire encore)	to repeat (vt)	[tə rɪ'piːt]
répondre (vi, vt)	to answer (vi, vt)	[tə 'ɑːnsə(r)]

| réserver (une chambre) | to reserve, to book | [tə rɪ'zɜːv], [tə bʊk] |
| rompre (relations) | to end (vt) | [tə end] |

s'asseoir (vp)	to sit down (vi)	[tə sɪt daʊn]
sauver (la vie à qn)	to save, to rescue	[tə seɪv], [tə 'reskjuː]
savoir (qch)	to know (vt)	[tə nəʊ]
se battre (vp)	to fight (vi)	[tə faɪt]
se dépêcher	to be in a hurry	[tə bi ɪn ə 'hʌrɪ]
se plaindre (vp)	to complain (vi, vt)	[tə kəm'pleɪn]

se rencontrer (vp)	to meet (vi, vt)	[tə miːt]
se tromper (vp)	to make a mistake	[tə meɪk ə mɪ'steɪk]
sécher (vt)	to dry (vt)	[tə draɪ]
signer (vt)	to sign (vt)	[tə saɪn]

sourire (vi)	to smile (vi)	[tə smaɪl]
supprimer (vt)	to delete (vt)	[tə dɪ'liːt]
tirer (vi)	to shoot (vi)	[tə ʃuːt]
tomber (vi)	to fall (vi)	[tə fɔːl]
tourner (~ à gauche)	to turn (vi)	[tə tɜːn]
traduire (vt)	to translate (vt)	[tə træns'leɪt]

travailler (vi)	to work (vi)	[tə wɜːk]
tromper (vt)	to deceive (vi, vt)	[tə dɪ'siːv]
trouver (vt)	to find (vt)	[tə faɪnd]
tuer (vt)	to kill (vt)	[tə kɪl]
vendre (vt)	to sell (vt)	[tə sel]

venir (vi)	to arrive (vi)	[tə ə'raɪv]
vérifier (vt)	to check (vt)	[tə tʃek]
voir (vt)	to see (vt)	[tə siː]
voler (avion, oiseau)	to fly (vi)	[tə flaɪ]
voler (qch à qn)	to steal (vt)	[tə stiːl]
vouloir (vt)	to want (vt)	[tə wɒnt]

www.ingramcontent.com/pod-product-compliance
Lightning Source LLC
Chambersburg PA
CBHW070115070426
42448CB00040B/2890